權證小哥

教你十萬元變千萬

全新增修版

權證小哥◎著

目錄

推薦序 ……………………………………………………………… 008

自　序 ……………………………………………………………… 012

前　言 ……………………………………………………………… 014

第1篇

只要「番麥」，不要「龜苓膏」
我靠權證出頭天 …………………………………………… 017

1-1 資優生不愛念書　滿腦子想賺錢 ……………………… 018

1-2 求學路低空飛過　另擁一片天 ………………………… 026

1-3 從股票、期貨到權證　3度賠光積蓄 ………………… 030

1-4 海嘯後7個月內　變出千萬資產 ……………………… 034

1-5 生活品質加分　樂當專職投資人 ……………………… 040

1-6 參加權證競賽練功　常勝軍賺很大 …………………… 044

1-7 找到好戰友　交易生活不寂寞 ………………………… 048

第2篇

基礎打得深，後市賺得穩
一次搞懂權證名詞 051

2-1 **什麼是權證？** 052

2-2 **權證的分類** 060

2-3 **權證的9大要素** 066

2-4 **什麼是牛熊證？** 084

2-5 **進場前切記認知風險** 094

2-6 **發行商不報價時要警覺** 100

第3篇

能帶你上天堂，也能讓你淚兩行
摸透券商爛招 107

3-1 **那些年 我們一起賠的權證** 108

3-2 **賺了良心錢 就別再A黑心錢** 114

3-3 **券商爛招1》調降委買隱波率** 120

3-4 **券商爛招2》拉大價差比** 146

3-5　**券商爛招3》低價權的陷阱** ──────── 156

3-6　**好券商不寂寞　良性循環有遠景** ──────── 162

第4篇

權海浮沉，血淚為鑑
實戰經驗教你贏 ──────── 167

4-1　**想玩權證　先學會挑對股票** ──────── 168

4-2　**要選好權證　先選良心發行商** ──────── 178

4-3　**順著趨勢走　有賺才會加碼** ──────── 186

4-4　**無敵保命2招　避免賠光出場** ──────── 194

4-5　**認售權證　幫你的操作買保險** ──────── 202

4-6　**不拘泥理論價　才能賺更大** ──────── 216

4-7　**樂透權超刺激　別把家當撩落去** ──────── 226

4-8　**搭上主力列車　想不賺也難** ──────── 232

4-9　**外資權證三寶　持有部位不宜多** ──────── 242

4-10　**計算期望值　瘋比賽拿獎金** ──────── 250

4-11　**工欲善其事　必先利其器** ──────── 254

第5篇

把握機會，私房錢入袋
賺到除權息行情 ⋯⋯⋯⋯⋯⋯ 261

5-1 **用權證除權息 省了股利稅** ⋯⋯ 262

5-2 **3大關鍵絕招 參與除權息行情** ⋯⋯ 266

5-3 **揭開牛證大賣 標的股卻漲不動的真相** ⋯⋯ 274

第6篇

市場沒有耶誕老人，只有豺狼虎豹
散戶必修4堂課 ⋯⋯⋯⋯⋯⋯ 281

6-1 **第1課》錢要往期望值高的地方** ⋯⋯ 282

6-2 **第2課》停損要比停利快** ⋯⋯⋯ 286

6-3 **第3課》大部分股票不能長抱** ⋯⋯ 288

6-4 **第4課》投資機會要靠自己找** ⋯⋯ 304

附錄

投資人問答實錄 ⋯⋯⋯⋯⋯⋯ 308

▌推薦序

　　我的一位同事在投資權證時，曾碰上這樣的事，他買了某檔權證，看起來「物美價廉」。

　　物美，是因為那檔認購權證所連結的標的公司，根據他自己的研究，營運前景相當亮麗。價廉，是因為就算以當時的現股價格，那檔權證離所謂「理論價格」還有一段距離，怎麼都沒人發現？因此，我的同事喜孜孜買了，一心等著賺大錢。

　　結果令他大失所望，他對公司的營運前景判斷錯誤了嗎？沒有，這家公司確實表現不錯，股價雖然沒飆，但也穩健走高，可是他手上的權證，硬生生是八風吹不動，一直在原地踏步，他被迫套牢在手上，直到時間價值流逝，這檔權證看起來愈來愈不妙，他忍痛小賠出場，從此不再玩權證。

　　看完權證小哥這本只講實戰、不談理論的書，我猜想，我的同事當初就是買到了「黑心」權證，如同小哥在書中所提，過去在舊制度下，權證發行商造市不積極，導致投資人

來一個死一個，愈玩愈心酸，因此市場愈來愈小，不管是業者或投資人，大家都受害。

所幸，現在的新制度，大大改善了造市的狀況，否則怎麼能在短短幾年內，讓小哥從10萬元本金，累積到足以提前退休的身家呢？

不過，正如小哥在書中提到，儘管制度改善了，但對投資人不利的商品仍混雜其間，投資想賺錢，不需要高深的學問，但一定要努力，別看小哥提前從朝九晚五的工作退休了，現在的他，可比上班時還要忙，每天都花很多時間做功課，但是他也賺到了人生的自由，現在可以每天和全家人一起用餐，而且常舉家出國遊玩。

在看小哥這本新書時，也令我想起《Smart智富》月刊曾經報導過的一位投資高手蘇松泙，小哥專長在權證，蘇松泙則專精股票，不過權證的基礎在股票，所以很多投資道理都相通。

兩人操作上最大相同處，在於強調要持續去做勝率高的投資。蘇松泙數學零蛋、不懂英文、不會電腦，他不懂機率，

只是靠長期觀察股價的變化，自己歸納出一套高成功的股票戰法。

　　小哥則是電腦高手，所以他可以比蘇松泙稍輕鬆點，利用電腦來做統計與分析，更全面性的挖掘出勝率高的投資標的，少走很多冤枉路。

　　而作為讀者的我們，就更幸運了，讀完他們的書，在賺錢路上，可以少走更多冤枉路，小哥這本書，將是我案頭的一本必備書，值得一再翻閱。

《Smart智富》月刊社長　

▌自序

我是個凡人。

在2009年至2010年的2年時間內，參加了各式權證競賽，拿了40次冠軍，還有抽獎獎品汽車一輛。得獎次數多，只代表我在這市場上交易經驗豐富，並非選股多屬害。

在2011年股災中沒受傷，只因為資金控管良好，並非未卜先知。

至今2019年，每個月持續大量交易中，繳了不少證交稅，有了大數據分析，更讓小哥交易得心應手，即便這樣，面對著充滿詭譎狡詐的股票市場，仍戰戰兢兢，還是不斷想策略、想新的方法。

我沒像投顧老師般那麼的神，但在權證市場裡，交易過的權證實在太多，也看過太多案例了，這本書是我的投資心得。市場上投資的書籍眾多，講得一嘴好股的老師也多，我只能跟讀者說，小哥還在股票市場，當年出書是為了圓個願

望！

權證的眉角很多，希望看過此書的投資人，能少走一些冤枉路、少繳一點學費。

這本書的誕生要感謝我的妻兒，能包容我花時間在權證研究上面，感謝我的父母支持我走這條路，以後可以帶著你們去世界各地旅遊！

只有時間看序的讀者們，記得下面幾件事：

1.股票操作週期別太短。
2.權證操作週期別太長。
3.交易一定要會停損。
4.資金控管是操作的第一要素，順勢而為。

希望此書內容能對各位在操作上有所助益。

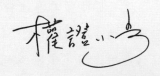

▌前言

權證同好得知我要出書，且部分內容是揭發黑心券商的惡行時，小額投資人多半鼓掌叫好，說我的「善行」可以「普度眾生」；但市場裡的「大咖」，則是暗地裡勸我不必這麼佛心，因為多一些傻子進來，權證發行券商才賺得多，也才願意多吐一些銀兩，給市場大咖們。

其實小哥很希望個人資產能在權證市場裡繼續累積，不過，我有一個夢，就是：權證市場能有正向循環，投資人只要看對股票走勢，就能用權證賺到錢，而不是動輒把本錢輸光；若是愈來愈多人能在權證市場存活，券商只要靠收取合理適當的費用就能夠生存，雙方就能把餅一起做大。

如果小哥為了實現夢想，而擋了某些人的財路，要在此先跟這些前輩們說聲：歹勢啦！

至於那些並非專注於權證工具的讀者，我主要跟大家分享：投資是門機率的學問。在此免費放送一個重要的心法，只要用這招，保證絕對不會賠光，資產會緩慢上升，那就

是：「同時」做多比較會漲的，跟放空比較會跌的。

你說「這是廢話」，請看好，我的重點在「同時」這兩個字，這觀念可以讓你在大盤崩盤或狂漲時，保住大半的資金，像2011年9月，大盤經常暴漲暴跌，很難做，但我一邊放空上銀（2049）、可成（2474），一邊做多聯發科（2454），這讓我在大盤崩跌了快千點時，資金部位並沒受傷，若是只做多的，一定賠得很慘。

現在我的操作工具很多元，但一開始，多以操作權證獲利時，剛好遇上台股加權指數從3,955點反彈上來，我曾經擔心指數大幅回檔時，我的獲利也因此吐回去。不過在2011年的股災，台股加權指數蒸發2,000點，我反而還賺了200萬元。

我並非在炫耀，也不想在賠錢者的傷口撒鹽，這獲利金額多寡更不是重點，而是想告訴大家，我證明自己的操作法是可以歷經「黑天鵝」這種突發行情的洗禮和考驗；另外，權證這種「可以愈漲愈多、愈跌愈少」的特性，不但適合多頭行情，也很適合在空頭行情裡搶反彈操作。

所謂愈漲愈多，就是向上獲利無限，只要標的股票出現反

彈，權證的獲利可以很驚人；但如果標的股票繼續下跌，也因為基數變得愈來愈小，權證也愈跌愈少，最大的損失就是完全賠掉本金。所以權證這種工具是賺多賠少，放眼望去大概沒有其他工具可以比擬，你說好不好？

　　小哥相信這本書是投資權證者的「家庭必備良藥」，尤其在股災發生時，市場波動劇烈，權證的流動量提供者、也就是大家說的造市者，為了轉嫁風險給投資人，造市品質非常差，所以這時候，你更需要這本書，以避開黑心券商的壞權證。如果你因為這本書而多賺了一些錢，不必寫信來謝謝我，記得多行善布施就行了。

第1篇

只要「番麥」，不要「龜苓膏」
我靠權證出頭天

玩股票、期貨、權證，我曾苦嘗3次資產歸零，但我仍想：應該怎麼走下去？幸好，遇到台股大多頭波段，加上權證新制上路，我在7個月內，從10萬元翻成千萬元，連我自己都不敢相信，賺錢的速度可以這麼快！

1-1
資優生不愛念書
滿腦子想賺錢

「小哥」是我從小到大的綽號,因為我是8月出生,總是同班同學裡面年紀最小的。

我們家不是很有錢,在我很小的時候,爸爸做些小買賣,景氣好時還可以養活全家,但民國70多年生意變差,媽媽就必須開始工作賺錢,一整天在外面忙碌後,還要急著趕回來幫一家6口煮飯、洗衣服,很辛苦。

從小學會等待時機

小時候就覺得,人生就是一場場的賭局,做每個決定之時就是一場賭注,而期望值(詳見註1)一直是我下注前的最重要參考。

註1:期望值(Expected value)指一個人對某目標能夠實現的概率估計,若估計可以完全實現時,概率為最大(期望值=1);反之,完全不可能實現時,概率為最小(期望值=0)。因此,期望值也可以叫做期望概率。

　　80年代，升學主義還很盛行，高雄地區存在著相當有名的「三七五名校」，就是三民、七賢跟五福，這3所名校都有資優班，我也是就讀一所五開頭學校的資優班，我自己是挺得意，不過同樣是五開頭，我讀的卻是當時高雄縣的學校，聽說跟高雄市區這3所的名聲差很大。

　　下課後，我和同學會跑去電玩店，那時很流行麻將機台，我常常站在賭客後面看他們打麻將，看著看著，就領悟了打牌的技巧及麻將機台吐錢的規律；這種規律，就如同股市進場點一般，極為重要。在還沒充分觀察麻將機台前，我也不會輕易出手，就如同股市也有韻律存在，只要可以在這市場存活10年，看過幾次多空轉折，對股市的波動大概就會比較有心得。

　　爸媽賺錢很辛苦，我一向是沒有零用錢可以花用的，但媽媽會給我午餐的飯錢，我就吃少一點、省下來，存了一點錢後，就嘗試著「投資」電玩機台。敢大言不慚的說是「投資」而不是「賭博」，因為賭博是靠運氣，但投資是靠研究，我常常放學後就在那兒流連，早已經研究了機台的出牌趨勢線。一直到現在，做夢還會夢到我在玩「推倒胡麻將」，你看我有多懷念。

賭博機台悟出停利心法

我發現，一般在牌桌上打麻將，懂「排列組合」這門學問的人，獲勝機率高。但跟電玩店的麻將機台對賭，又和牌桌上有些不同，電腦要讓你胡牌之前，可以看出一些特別的跡象，比如說你聽二萬、五萬，電腦若現出二萬、五萬的牌，代表你快要胡牌了。以前的電腦是比較單「蠢」的，只要簡單抓到幾種規則，就可以胡牌贏錢。

那時玩一次要15元，胡牌只賺到60元沒什麼意思，不敷之前漫長等候的時間成本，所以胡牌後我會用60元去賭大小，力求翻倍，這樣60元就可以變120元、240元、480元。如果賭大小賭到一半輸了，你還是可以回頭再從下一局麻將開始，因為這個機台本來就準備要吐錢給你了，只是還沒吐，所以你再胡牌的機率還是很大。

根據我長期的觀察發現，電腦機台通常累積到1,000元左右，才會開始吐錢，每次吐約500元，又必須重新吃掉1,000元之後才會再開始吐錢。所以吐完錢的機台，我就留給別人去「餵」，再去找另一台快要吐錢的機台來玩，通常當我贏到960元，就讓賭局結束，拍拍屁股走人，甘

心回家讀書。這是不是很像股市的伺機進場、適時停利心法呢？現在回頭看，我自己才發現，停利的操作心法，遠在青少年期就悄悄萌芽了。

我記得當時的960元都是5元硬幣，剛開始我拿著一大盒錢到老闆面前換成鈔票，老闆就會把一個個5元硬幣疊在木頭桌上，換成鈔票給我；但幾次之後，老闆很快就知道是我這小子把他的錢贏走。後來，我索性不換成整鈔了，以免被鎖定。

抓準規律，以小搏大

除了麻將機台，我也會玩「跑馬燈」，就是一種拉霸遊戲，很像賭場裡面的吃角子老虎，有櫻桃、Bar等不同圖案，共有九宮格，當三點連一線都是同樣圖案時，就會吐彩金。我觀察一陣子，發現不管你投的是1元還是100元，中的彩金一樣是50元，所以我就1元1元地投，中到彩金一定馬上離開那台機器，先讓別人玩，我站在旁邊看。等電腦吃了其他賭客一定的金額，通常是接近1,000元後，我知道它又快要吐錢了，就趕快再下去玩。這個機台給我的啟示是：1元可以拉的彩金，別花100元去拉，

這正是權證的以小搏大精神呀！

　別看我很愛玩，但爸媽並沒有溺愛我，管我滿嚴格的。爸媽一直以為我是上完輔導課才回家，而事實上，以前國中老師常在最後一堂課安排考試，寫完測驗卷的可以先走，我就趕緊寫完，靠這提早走的半個小時，跑到電玩店「打工」，賺取微薄的薪資。有些沒有門禁的同學，經常是玩到三更半夜才回家，回憶起來真對不起認真教導我們的國中老師，因為愛玩的結果，我們那屆考得還挺差的，班上25個，只有7個上第一志願，我們可是資優班耶！

　聰明才智總會找到出口，沒用在學校功課上，也必然在其他地方有「斬獲」，我同學是賭賽馬很厲害。破解賽馬的賭局要靠亂數表，以前亂數表只有一張小表，跑前兩名的馬背號都是按照這亂數表的順序，跑完一輪會再從第一個號碼開始，數字一直重複；我那些厲害的同學們，就靠熟背這張表，賺遍學校附近所有的賽馬機台。

　例如亂數表的順序是11、12、24、25，當一個機台出現這組號碼後，就一堆人圍過去。很多同學玩到隔天早上才回家，因為賭賽馬的賠率是很驚人，高達20、30倍，只要抓

對數字可以撈好多錢，我想他們拿了十幾萬元跑不掉。可惜我從小就沒辦法死記東西，對賽馬機台就很沒轍，只能專攻那種靠邏輯可以理解、記憶的，像麻將機台這類的。

不過大概每隔1～2個月，電玩店老闆就會發現我們這群學生是只賺不賠的，會板起臉叫我們：「好好回家用功，不要再來了！」我們就必須轉戰其他店，學校附近的電玩店幾乎都被我們玩爛了。國中時候我就靠著在電玩店廝混，每個月可以賺到上千元的零用錢。

雖然國中過得有點荒唐，讀教科書的時間不多，但在有限的時間下，讀書卻特別有效率。那時我最強的科目是需要理解的數學跟理化，每天都會去思考不同的解題法，然後再從這些解題法中找出最快速的方法，算數學跟理化題目是我極大的興趣之一。

雖然不愛看教科書，但我挺愛看課外書的，常去圖書館借各式各樣的書籍，我想培養一個良好的閱讀習慣，對將來的很多事情，也是挺重要的。記得去書局或圖書館，我會去翻作文範例，每次都先找「我最難忘的一件事」這篇文章。我想可能從小自己就有狗仔的天性，想看看別人難

忘的是哪類事情,想不到這狗仔的天性改變了我的一生,因為高中聯考國文科的作文題目,居然就是「我最難忘的一件事」。有沒有這麼巧啊?就是這麼巧!想起了父母那些年吃齋念佛,果然是積了不少的福報。

國文作文一向是我的痛處,我很佩服國中的國文老師,因為他會很有耐心地修改我的作文,通常老師的紅字都比我的藍字多。沒想到20年後,自己居然也寫起稿來了,還出書成為作家,人生的變化真是挺大的。

其實不只是作文,在國中時期,數理以外的科目我都不擅長,譬如地理,哪裡盛產葡萄?哪裡鐵礦最豐富?北京到廣州坐火車的話要怎樣坐?我當時就在想,坐飛機不就得了。想不到,20年後的現在,中國的高速鐵路建設,讓以前的地理都變成了歷史了。

雖然我只擅長數理這兩科,但因為作文題目是「我最難忘的一件事」,這個題目,我看了不下上百篇範例。在融合了各家精華後,寫了篇自認為閱卷老師會潸然淚下的作文;於是,當年的作文拿了全班第二高分,也因為作文的幫助下,吊車尾進了高雄第一志願,跌破一堆人眼鏡。

用機率找到賺錢機會

升上高中前的暑假，我去高雄市區打工，那真是開心極了，因為可以到離家遠一點的地方繼續「投資」各類機台，記得那時還沒火災的「地下街」（詳見註2），所有機台都是我觀察的對象。這些賭博機台的規則都差不多，雖然我很低調的等待時機、賺取「投資報酬」，但沒多久又被趕走，因為老闆很快就發現這小子是專門來贏錢的。

我們這群同學就是懂得用「機率」來找到賺錢的機會，拿小錢去搏大錢，這是我年少最快樂的一段時光。當然，我們的父母都不知道我們做這樣的事。

在電玩店混了這麼多年，最大的感想就是以後長大賺錢了，絕對不會在那裡花掉我的錢。因為賭博性電玩對賭客是非常不公平的，它設定好你投了1,000元，只會吐500元給你；如果是在賭場，期望值大概是0.9，也就是下注1元，可拿回9毛，但賭博性電玩大概只有5毛，投報率是非常非常低的。

註2：位於現今高雄市立歷史博物館對面的鹽埕仁愛公園，昔日為全台首座大型地下商場，民國67年開始營運，占地1萬多坪，於民國78年燒毀。

1-2
求學路低空飛過
另擁一片天

我念高中時，本來想立志當醫生的，後來因為高二的第一次段考生物考了25分，悲憤之餘，努力的去考第二次，結果是16分！

看到分數，我傻了，這等於宣告，芸芸眾生將少了一位有醫德的醫師了；第三次段考生物時，就爬牆出校門去研究撞球的運動學了，生物還真是難。現在回想起來，還好當初生物考很爛，不然現在若當個醫生，我手很笨，縫的傷口一定很醜！

高中3年，我的學業成績一向不是頂好，但數學跟物理仍然是我的興趣。記得那時我常去速食店，點份餐點，算一整天的數學跟物理；思考之餘，觀察在店裡用餐、各式

各樣的人，也是我的一項樂趣，套句現在的流行語，就是看正妹。

40歲前賺到足夠退休的錢

當年班上有位同學很優秀，現在是台灣大學的教授，整整3年段考，我只有一張考卷成績能贏他，就是數學的「排列組合與機率」，你看我多愛這門學問啊！更沒想到的是，日後我就是靠它在40歲之前賺到足夠退休的錢。

到了高三，在只剩1年的時間裡，我又如同國三那年一般，很有效率的研讀了高中3年的書。我還記得高一的第一次段考，我是班上倒數第2名；到了高三的最後一次，升到了第10名，應屆就考上了一所不錯的公立大學。

大一時，我常在寢室裡跟同學研究麻將排列組合的藝術，成績自然不是很好。有天同班的女友告訴我她想轉系，希望我和她一起轉，成績不好的我只好請她幫我惡補，結果期末考我竟然考了全班最高。

在轉系考面試時，我就拿期末考的成績對教授說，我很

喜歡這個科目,只是一開始沒有好好上課,後來認真念書、懇求教授收留,就成功轉系了。

大二開始,讀著我喜歡的物理系,後來發現,我喜歡的是基礎物理,對於近代物理／量子物理,實在是提不起興趣。為了讓成績別死當,我分配好了大考前的讀書時間,務必使得每科都能過關,記得當年的3大主科期末分數是61、61、65,如果每科都少個6分的話,我就得退學去當兵了。

畢業當兵時,收音機裡傳來伍佰的〈浪人情歌〉:「不要再想你,不要再愛你,讓時間悄悄的飛逝,抹去我倆的回憶……」想不到女友此時跟我說再見。

她當時說,看破我這輩子大概就是這樣了,她喜歡未來的老公工作是富有挑戰性的,我這種安逸過生活的態度,大概不會有什麼大成就;後來她就嫁給一個工程師,她自己也去台積電(2330)當個科技新貴了。希望有機會她能看到這本書,嘿嘿。

當兵時,同梯的買了鴻友(已下市)這檔股票,做掃描

器，190元買的；我心裡想，這掃描器又沒什麼大學問，買了一台就可以用好幾年，真不知道這檔股票可以高價多久。果然，沒多久掃描器三劍客（編按：指「鴻友」、「全友」2305、已併入海悅2348（原名為「力廣」）的「力捷」）就消失了。

1-3
從股票、期貨到權證
3度賠光積蓄

早在念大學時，我就聽到同學在買股票，我偶爾會跟他們聊，覺得滿有趣，但當時家教收入都拿來餬口了，一直到當兵回來後才開始踏入股市不歸路。

那時我拿出第1年上班存的10幾萬元，還動用了老婆的存款來湊數，準備要好好投資、大展身手一番。第一檔買的是中鋼（2002），股性很牛，我記得沒賺到多少就賣掉了。

因為當時電子股很夯，我決定把錢轉進電子股，挑了最便宜的一檔——美格（已更名為「廷鑫」，股票代碼為：2358）。當時電子股漲翻天，這檔卻沒什麼漲，等到大盤跌時，它卻跌最凶，果然「便宜沒好貨」。

剛買股票時，我很得意的跟姊夫說：「我買股票從來沒賠過，這夠厲害吧！」其實我就是只要賠錢的一律不賣，現在想，當年真是蠢得可以，有這念頭的，大概都會抱到雅新、歌林（皆已下市）之類的股票。

讓我受傷最重的應該是華映（已下市），大概是1999年，我買在每股30元，這可是有名的績優股啊！當時我還是股市菜鳥，一被套牢就想「長期投資」；隔一年華映股價就跌到15元，終於忍不住把它殺出。

股市賠百萬，期貨繼續虧

2000年網路泡沫破滅、全球股市從高點重挫那段時間，我結算賠了快100萬元，那幾乎是我多年工作的全部積蓄。有天晚上加班時，我抬頭望向窗外夜空裡的星星，想著，辛苦加班賺一點點錢，都賠在股市裡；連老婆的錢也被我賠進去，是何苦來哉？

老婆有天發現錢沒了，就問我錢到哪去了？我只能跟她說賠掉了，她傷心了好一陣子。當時安慰她時，我說了一句很經典的話：「不要看我的一時，要看我的一世！」在

沒蓋上棺材板以前，輸贏還沒確定；棒球賽是兩出局後仍大有可為。岳父大人知道了這件事，很開明，只對我說：「下次小心點就好。」鼓勵我不要因此失去信心。

股票賠掉100萬元後，手上只剩最後幾萬塊，想靠這麼一點來翻本，就玩玩期貨好了。我當時看到6月和9月期貨中間差了300點，不曉得那是因為除息造成的差距，以為放空點數高的、買多點數低的做「套利」，一定能穩賺不賠。結果到了每個月結算日轉倉時，指數瞬間不見100點，完全沒有同點位平倉的機會，根本賺不到錢。

後來我決定賭期貨多、空，用打帶跑方式，有賺就跑。但菜鳥用這種方法最大的缺點是，看錯方向就容易拗單，容易賺小賠大，一個300～400點的行情就可以把你掃出場。大概3、4個月之後，我在期貨上又賠了50萬元，這次賠的是我參加標會先拿到的錢，更慘。

韌性打不死，開啟贏家路

既然買股票、期貨都行不通，我就想再試別種商品；一日無意間到書店閒逛，看到「權證」這種商品，書上說可

以小搏大、高槓桿操作，在我又存到一筆錢後決定試試。

我記得第一檔買以精業（與精誠6214合併而下市）為標的的權證，隱含波動率（簡稱「隱波率」）是50%，當時根本不知道隱波是什麼，3.8元買的，漲到4元多很開心，但沒賣它又跌下來。我想精業擁有奇摩，前景看好，長抱應該沒關係；但精業股票開始盤跌，權證也每天跌個6%～7%，最後只剩0.05元，就到期下市了。

一般的書只有介紹權證是什麼，沒有實戰方法，只告訴你買權證的優點，但沒告訴你風險；當時我看看書就敢下場，算是膽子滿大的。我完全不懂得權證只適合短打，更還沒來得及了解權證放長，時間價值會慢慢減損，就這樣，又賠了50萬元。

所以從股票到期貨，再到權證，大概是1999年開始到2006年，一共賠了200萬元。如果是一般人遇到這樣的情況，大概已經決定金盆洗手、永遠不再玩了吧！但是，「贏家在碰到困難時，思考如何走下去；輸家在遇到困難時，思考應不應該走下去」，當時我思考的是，應該如何再走下去。

1-4
海嘯後7個月內
變出千萬資產

直到2007年，也就是金融海嘯的前一年，當時全球股市走大多頭，電子股常常一開盤就漲停鎖死到終場。我想這時應該是玩權證的好機會，又把存下的薪水拿來玩。

印象很深的是買了迅杰（6243）的權證，3元買、10元賣，快速在不同的權證間轉換；那一年，我不但把之前賠掉的200萬元賺回來，又多賺了200萬元。

我從2007年1月1日起記錄在「股票市場」上的獲利，列出「每日獲利」、「每月獲利」，還有「人生獲利」。記帳初始，也就是我「人生獲利」的起點是「-200萬元」，但到了2007年7月，我的人生獲利變成200萬

元；也就是這半年多我賺進400萬元，是我進權證「賭」場之後的人生第一個高峰。

可惜好景不常，2007年7月之後，美國爆發次貸風暴，全球股市開始震盪回檔，台股加權指數開始下殺，我的人生獲利也跟著直線下墜。一直到雷曼兄弟倒閉、全球股市重挫趕底時，我之前賺的幾乎都賠了回去，2008年11月，我身上只剩下10萬元，我記得那時的「人生獲利」是負的150萬元。幸好其間我有陸續挪出一些錢，去蓋現在住的房子。

就在台股加權指數跌到4,000多點時，我看到證交所宣布將在隔年（2009.01.06）實施權證造市新制，被券商坑走很多血汗錢的我就想，應該要認真開始玩權證，來個絕地大反攻，把之前被坑的統統要回來，儘管當時我身上的資金所剩無幾。

剩10萬元東山再起

或許是幸運之神還沒有遺棄我吧！我用手上剩下的10萬元重新投入市場，一邊是台股加權指數從3,955點反彈

的大多頭，一邊是權證造市新制上路，就像一對翅膀，載著我的財富夢想起飛。

那時我是一開盤選定強勢股後，就挑選槓桿倍數高、券商造市積極的權證來買。因為工作的關係，我沒辦法盯盤，有時開個會回來，「哇！怎麼又賺了50萬元」或是一開盤原本只買個十幾萬元，回來就變成100萬元。

因為指數基期低，個股常常盤中急拉收漲停，隔天又開漲停，所以當時我常去買快要漲停股票的權證，通常隔天股票還是會開高，股票賺個5%～6%，權證大概就賺20%～50%，再經由不斷的換強勢股操作後，資金就快速的累積。當然，我也不是每天都賺，更不是每把都賺，只是當時基期低，買對的機率高達6、7成，加上大多頭，可能賺4天才賠1天。

我記得台股反彈到5,000點的時候，網路討論區還是一片看空，有個群創（3481）的高階幹部，看到自己公司當時的營收表現不佳，就去放空自家股票，結果卻被軋空。那時看到一般散戶都看空，更堅定我持續做多的意志。

　　我記得很清楚，在2009年4月30日，媒體大篇幅報導中國移動要入股台灣的遠傳（4904），個股連續2天跳空漲停。短短1個月內，大盤指數從5,614點漲到了6,890點，漲了22.7%，個股漲翻天了，網路討論區裡一堆散戶做空被軋；此時我的「人生獲利」卻第一次達到8位數，距離我用10萬元本錢決心要好好玩權證開始，只花了7個月時間。

吃飯配「番麥」，獲利「翻倍」！

　　說真的，賺到第一個1,000萬元時，我自己也覺得滿神奇的，很不真實。現在回想起來，可能當時我自住的「殼」已經蓋好了，沒有負債、也沒貸款，所以我在操作時是奮勇的向前衝，加上市場的行情方向很明確，就是不折不扣的大多頭。當然，還要感謝權證造市新制，因為新制上路，券商認真造市，讓你短期買賣時，多數都可以賣到不錯的價錢。

　　我又專門找槓桿高的權證下手，在大多頭裡，常常翻倍，那時候每餐吃飯都指名要有玉米，因為「番麥」聽起來就像翻倍一樣。當然，沒翻倍的下場就是歸零，所以，

很不愛吃「龜苓」膏。

　　金融海嘯時，雖然很多人的資產都受了傷，卻也是一個良機。所以我想告訴大家，股市跌深通常就是資產重分配的時候，要抓住這個機會，即使你剩很少很少的錢都沒關係，只要記住「勇敢進場」。

　　當台股加權指數到了萬點以上，操作不比當時了，開盤一拉上去就有獲利賣壓，股價就下來。所以能不能賺到大錢，時機很重要。

Note

1-5
生活品質加分
樂當專職投資人

由於我的交易部位愈做愈大，盤中必須很專心，因此2010年中我辭掉正職工作，正式靠交易「餬口」。我老婆也同時離開職場，在家裡專心帶小孩，照顧全家人，生活品質變得很好。

每天中餐及晚餐，我和自己的父母及妻、子一家5口，一起用餐共享天倫，算是做這行的專屬福利。什麼？中午成交量變小了，應該不是我造成的吧！

下午，我會去打打球，伸展一下筋骨，然後晚上回家繼續做我的「功課」。雖然我沒在上班，沒過朝八晚五的生活，但我每天花在研究市場上面的時間，比上班時間多很多，早上7點就開始工作，直到下午2點，晚上又花了3到

4個小時，工作時間比上班時間還長。

追求財務自由，辛苦也值得

我經常想，要做到財務自由，其實除了含著金湯匙出生外，其實都得花很多的心思；回報的是，自己可以安排時間帶家人去世界各地看看，有機會也能幫助一些弱勢團體。有時候感覺自己從事交易這條路，好像對社會國家沒什麼貢獻，直到拿到對帳單的那一刻，我很清楚的了解，對於國家建設、社會福利、教育經費，甚至國防，我都有顯著的貢獻，因為，交易稅很貴！我現在1個月光是交易稅，大概要貢獻6～7位數。

雖然淨資產大幅增加了，但我的花錢態度沒什麼改變，不至於奢侈或浪費。記得有次去買手機，問了7家店，居然從4,000元到6,000元都有人在賣；花了一堆時間比價，為了省個2,000元，但是，2,000元很好用耶！

現在我每天用在交易的錢，大概是資金的2～3成，會看台股指數的位置做一些調控。當指數愈高，融資餘額愈多，且外資期權部位做空，此時我的部位通常會偏空。

▲腰圍漸寬很後悔,看盤久坐會變肥。

資金分配三三四

記得2010年的除權行情,我曾經有一天動用了8成資金去買權證,壓力很大,當天睡得就很糟,很怕突然發生什麼事,隔天可能會承受無法想像的損失。我曾和一個朋友談到這事,他卻說他買很多權證時就會睡得像嬰兒一樣,我心想怎麼可能?後來他解釋,嬰兒是睡醒了哭、哭累了再睡。

　　所以現在我會將資金做很好的分配，3成用來保本、3成做高槓桿投資，其餘4成則等待隨時進場。我的理專常建議一些高風險的投資，我都會跟他説，我做的權證投資已經是高風險了，別再推薦這類高風險產品！但有時因為主管的壓力，他也不得不推；建議投資人，一定要對理專介紹的產品有詳細的認識。

　　記住！不肖理專跟搶匪最大的差別就是：不肖理專有印名片，搶匪不收手續費！

　　當然，市場上有良心的理專還是很多的。

1-6
參加權證競賽練功
常勝軍賺很大

券商為了活絡市場而辦的權證比賽,讓我嘗到不少甜頭,我記得第一次參加的是群益證券辦的權證達人,比賽規則是:

權證達人投資競賽

活動期間:2009年2月9日～2009年5月8日
競賽商品:群益證券所發行之認購(售)權證
競賽辦法:

1. 活動期間內,客戶買進群益證券所發行的權證商品累計達50萬元以上,即可進入排名賽。
2. 活動期間內,依累計買進之金額進行排名,若金額相同者,以先達到交易金額之時間優先順序排名。

我整整花了3個月的時間,刻意買了群益權證達1,000

多萬元，平均每天得買個20萬～30萬元，獎品是一輛BMW！別誤會，不是德國名車BMW，而是BMW自行車，市價約5萬元。想想，還好那時是牛市，不然為了這輛腳踏車，可能得賠不少資金；也因為是牛市，除了賺到腳踏車外，也獲利不少！

第二次是寶來證券（現為「元大證券」）辦的比賽，比獲利率。這類比賽一定不能買太多種不同標的股票的權證，不然投資報酬率一定拉低，那時賭了太陽能的除權行情，運氣不錯的拿到冠軍，也在頒獎典禮上認識了《Smart智富》月刊前主筆陳淑泰小姐，從此開啟雙方多次的合作。

第三次是永豐的權證競賽，比成交量。為了獎金，特地去永豐證券開了個戶頭，當時是7～9月，就專門做除權行情的權證，帳面上有獲利，獎金更是大補。

發行商又愛又恨

之後還有江湖6大門派，喔，說錯，是6大券商合辦的「權民鬥陣搶百萬」，其中有「月買冠」獎項。這獎項有

▲一堆比賽獎盃，很多都是向發行商爭取來做紀念的，因為從小沒拿過獎盃。

12次機會，我拿了6次，跟在富邦證券下單的傳奇投資人「美好大」平分，表面上的次數是一人一半，但美好大的買進實力遠在我之上，到最後一個月，他居然衝出了買進3億元的天量！算是發行商又愛又恨的一號人物。

6大券商找《經濟日報》辦了比賽後，其他8大券商與《工商時報》合辦了「台灣權王」大賽，感覺就像職棒中華聯盟與台灣大聯盟的戰爭。台灣權王大賽將買冠王改成了「週買冠」，為期半年，總共26次機會，期間我因為

去上海看了世博，無法專心下單，共拿了24次週買冠，挺可惜的！

2010年算是參加權證競賽最豐收的一年，獎金的收入高，也繳了不少所得稅，算是對社會的小貢獻。可惜之後權證比賽的獎金和獎品都改成抽籤決定了，可能因為小哥我太顧人怨了吧！一手拿獎金，同時還希望發行商的造市要有良心，真是不會做人。

1-7
找到好戰友
交易生活不寂寞

有些人可能會很羨慕我可以放掉工作，專心待在家裡做交易，但我要提醒大家，一個人做交易是很寂寞的，沒有什麼社交活動，一大早起來過濾資訊，或是做功課到深夜，都是獨自一人，面對著冰冷的電腦。

還好，我後來找到一位志同道合的戰友，他叫「港都阿宏」。阿宏是我雄中的學弟，以前在銀行當理專，但金融風暴客戶賠了不少，有良心的他決定離開這坑人的市場。2008年11月，他來我家，我們徹夜未眠，長談到清晨，後來我們就決定專心操作股票、權證、期貨、選擇權。

2010年，台股加權指數才漲10%，但阿宏績效很好，賺了1倍，用自己加親友2,000萬元的資金，就翻成

4,000萬元。

他的生活也很悠閒，收盤之後，就拖地、晾衣服，做家事來紓解操盤的壓力，然後接小孩，全家都很滿意。我也很滿意，有朋友一起討論行情方向、互通個股消息，是很幸福的。

每天記錄績效不間斷，反省檢討

一直到現在，我還是每天都記錄檢討自己的操作績效，同時和大盤做比較。每天對自己的紀錄做個反省，我對自己的要求不高，只要再次回到7,000點，我回頭看看當時的7,000點跟現在相比，績效比當時好就可以了。因為只要績效比上次好，就代表這條路是可以走下去了。

最後，在本篇結尾時，我要很慎重的告訴我的前同事們，**我真的沒中樂透。**

第2篇

基礎打得深,後市賺得穩
一次搞懂權證名詞

權證商品的複雜度比股票難上百倍,千萬不要還沒搞懂基礎知識就上場,像拿美刀工就想到戰場上砍殺敵人一樣。先把規則弄清楚,方能百戰60勝;對!60勝就足夠了。

2-1 什麼是權證？

看到我以10萬元本錢7個月就賺到千萬的例子，讀者覺得權證是個可以海撈的地方嗎？那可就大錯特錯。我講一則小故事先。

有個很厲害的撲克高手，到農莊去賭博。第一把他拿到同花順，心裡暗笑兩聲：「嘿嘿，我贏定了！」當然要重壓。莊家亮牌，拿3張梅花、2張方塊，他心裡正得意時，莊家說：「你輸了，請看牆上黑板。」他轉頭一看，上面寫著「本場3張梅花、2張方塊最大」，所以同花順輸了；他很懊惱，好吧！怪自己沒看清楚規則。

第二把，他拿到3張梅花、2張方塊，高手心想：「這下子可贏定了吧！」又重壓。攤開牌，對方拿到一個對子，又說高手輸了，高手說：「這地方是坑人喔？不是『3張梅花、2張方塊最大』嗎？」對方指著黑板說：「請仔細看，下一句寫，『但一天只限出現一次！』」

這個小故事是要提醒讀者，玩權證一定要把規則先弄清

楚，方能百戰60勝；你真的不需要百戰百勝，60勝就足夠大賺一筆了。

我每次跟權證投資人聊天時，都聊得一身冷汗，因為發現很多投資人不知道「隱含波動率」、「槓桿」、「價內外」的意義，只知道看好的股票漲，去買權證就對了，但權證的相關要素一問三不知。這種投資態度，就像拿把美工刀想去沙場征戰般，對敵人一無所知，這樣是很危險的。因此，在第2篇我將會把權證的基本名詞先簡單解釋，讓大家有基礎的知識後，再進入實戰的策略應用。

首先簡單解釋，為什麼會有權證這個商品呢？譬如有個建築商人準備要蓋房子，預估半年後將有購入鋼筋的需求，但若先買來放半年會生鏽，而且現在就拿現金去買，資金會被困住半年；這時候，就有人發明鋼筋的權證，比如說現在1噸鋼筋2萬元，1張權證卻只賣1,000元，好像權利金的概念，上面寫說：半年後可以拿著這張權證，用2萬元去買鋼筋。

在這半年期間如果鋼筋漲了，這張權證就會漲價，如果半年後鋼筋漲到10萬元，可以賣給下一個需要鋼筋的人，那這張權證就賺了8萬元，但如果這期間鋼筋跌價到

每噸1萬元,這權證當然就如同廢紙了,套用專業術語,就是「沒有履約價值」。

這張買入鋼筋的權證,有效期間只有半年,半年後就是「到期日」,「履約價」就是2萬元;但最初為了這個買鋼筋的權利所付出的1,000元,在到期日結算時並不退還,而且在半年的過程中,還會一點一滴流逝,這就是權證的「時間價值」。如果在買進這張權證後1個月,鋼筋價上漲到3萬元,把這張權證轉賣給甲,賣價1萬800元,其中1萬元就是它的「內含價值」,800元是殘餘的時間價值。

由以上這個例子可以看出,權證是一個用低成本、高槓桿去參與股票波動的工具。它有3大好處:

好處1》 **交易成本低**

一般人為什麼做股票會賠錢,最主要關鍵就在交易成本,買與賣一次,包括券商手續費與交易稅,合計要0.585%。一檔股票若100元買、100元賣,同樣價格交易170次(1,000/5.85),財產就歸零了。但權證的

交易成本低，加上發行商都在削價競爭，所以我計算過，只要每一次交易能賺到0.2%的差價，長期下來就能夠賺錢，不過削價競爭的情況在2011年8月後少多了，因為股市波動太大，發行商在這段時間大賠了。

有一種開玩笑的說法：「股」者，月投也，就是暗示股票買賣的頻率大約1個月1次就夠了，如果想要今天買、明天賣，長期下來能賺錢的並不多，因為交易成本太高；因此，想頻繁進出股市的人，就應該買權證。我們來試算一下股票和權證的交易成本：

股票交易成本
假設Ａ股票買375元、賣在379元，1張價差4,000元，但手續費、交易稅就要2,211元，占獲利的55%。

（37萬5,000元×手續費0.1425%）＋（37萬9,000元×手續費0.1425%）＋（37萬9,000元×交易稅0.3%）
＝**2,211**元

2,211元／4,000元＝**55.27**%

想從股票賺小利的人，長期而言，會發現股票的交易成

本嚴重影響獲利，就算你能拿到很好的手續費退佣，但交易稅卻是一毛不能少；權證就是玩短線的最佳工具，通常今天買，明天或後天就應該出。權證的交易成本比股票低很多，交易稅只要千分之1，而股票卻高達千分之3。

權證交易成本

A股票從375元漲到379元時，A股票的權證從4.98元漲到5.2元，價差0.22元，買賣手續費只要14.5元，交易稅5.2元，交易成本19.7元，僅占獲利220元的8.95%。

（4,980元×手續費0.1425%）＋（5,200元×手續費0.1425%）＋（5,200元×交易稅0.1%）＝**19.7元**

19.7元／220元＝**8.95%**

好處2》適合大多數人

權證適合大多數的人，不管你是有錢的大戶還是沒錢的散戶，也不論你的投資性格是搶進殺出的積極型，或是偏好安穩的保守型投資人，為什麼這麼說呢？請看以下分析：

1.資金少的散戶：權證的投資門檻低，1股的價格多

介於0.01元～5元之間，也就是買1張權證只要10元～5,000元，適合資金不多的人操作；而買的張數少，也不容易被發行商修理，可以快進快出。

2.資金大的主力：可以在確認1檔股票的趨勢後大力押注。像我常會看到主力集中火力掃光1檔標的股的權證，然後短短1～2個月就可以賺5倍出場，提款上億元。

3.積極型投資人：因為權證槓桿高、沒有追繳或斷頭的問題，做對了，累積資產以倍數計，複利速度極快；做錯了，最多資金歸零，不會背上無法預期的巨債。

4.保守型的投資人：可把90%資金投資波動較低的股票，像元大台灣50（0050）、中華電（2412）、中鋼（2002）等，其他10%拿來投資權證，可提高報酬率。

好處3》槓桿效果大

大家知道用融資買股票的槓桿是2.5倍，但權證的槓桿平均在3～15倍之間，也就是股票如果只漲1%，權證已經漲了3%～15%，只要眼光夠精準，短時間就可以讓自

己的資金不斷翻倍。如果手上有一台時光機,可以預知未來股價,最好的投資工具當然就是權證,只不過很可惜的是,我們都沒有時光機。

Note

2-2
權證的分類

分類1》**依多空策略**

權證可以做多,也可以看空,簡單分為做多的「認購權證」(Call Warrant)與做空的「認售權證」(Put Warrant)。教科書上寫:認購權證就是允許權證持有人可以依履約價,「買進」執行比例股票的權利;認售權證就是允許權證持有人可以依履約價,「賣出」執行比例股票的權利。

認購權證的交易代碼是6碼數字,認售則是5碼數字加上英文字母P(Put),所以只要看到有「P」,就知道是認售權證。

認購權證跟標的股票漲跌方向是一致的;認售權證則是相反的,標的股票上漲,權證價格就會跌,標的股票下

跌，權證價格就會漲。

用認售權證做空，比起用融券這個工具還好，因為股票融券會有限額，股東會前、除權息前也會停券，無法天天都融券放空，但認售權證天天都可以買。

分類2》依履約時間

美式權證：到期日之前任一交易日，都可以執行履約。
歐式權證：僅有在到期日當天，才可執行履約。

老實說，我總是搞不清楚什麼是美式、什麼是歐式，而在買之前，我也不會特地注意去看它是美式還是歐式。因為現在權證市場有發行商在報價造市，流動性算是不錯，可以很容易地把權證賣掉，不太需要去考慮放到到期履約的問題。

分類3》依發行條件

依照不同的發行條件，可分為一般型、重設型及上下限型權證。

一般型權證：就是發行條件中沒有特殊條件限制。

重設型權證：最大的特色是它的履約價可以依契約規定向下調整，當標的股價下跌，觸及重設價位時，重設型權證履約價將向下調整。

上（下）限型權證：是一種限制權證獲利空間的商品，因此絕對價格比較低，也就是說在權證存續期間，標的股票的收盤價高於或等於事先約定之「上（下）限價格」，則權證視為到期，自動以當日之標的證券收盤價進行現金結算。

有些發行商很喜歡發行上限型權證，這對散戶來說會形成一個恐怖陷阱。這種權證在發行的時候，會在履約價格之上，設一個「上限價」，假如標的證券在權證存續期間，某一天的收盤價觸碰到這個上限價，則這檔權證就提早到期，當天就是權證的最後交易日，次兩個營業日到期結算。

2011年4月就有一檔上限型權證提早到期的例子；權證的股票標的是宏達電（2498），履約價770.58元，界限價1,155.87元，行使比例0.03，因此權證最大值是11.55元。

（界限價1,155.87元－履約價770.58元）×行使比例0.03
=**11.5587**（取小數點後2位）

　　宏達電在2011年4月6日收盤價格超過1,155.87元，
權證就提早到期履約，以下是它的到期公告內容：

一、認購權證屆期日（最後履約日）：民國100年4月8
日。
二、認購權證最後交易日：民國100年4月6日。
三、認購權證終止上市日：民國100年4月11日。
四、認購權證履約價格、上限價格及行使比例：
(一)履約價格：新台幣770.58元
(二)上限價格：新台幣1,155.87元
(三)行使比例：1比0.03
五、認購權證履約結算方式：證券給付，但發行人得選
擇以現金結算方式履約，如到期具履約價值而未申請履
約者，發行人將以權證到期日標的證券之收盤價格自動
現金結算。當本權證標的證券收盤價高於或等於上限價
格時，則當日視同該權證最後交易日，並於次二營業日
到期，一律按該權證最後交易日標的證券收盤價格採自
動現金結算作業。

　　這檔權證在還沒到上限價之前，我就有提醒一些我的部落格「版」友，不要某天看到宏達電漲停板到1,160元時，很高興去買權證，沒注意到它是上限型的，買到13元的就一定賠錢了，因為當天就到期、履約，果不其然這檔真的是提前到期了。我去看資料還好，最後一天成交的在9元多，沒有人用高價去買。

　　以前還有過一個例子，是標的股票很強，隔天開盤還是漲停，但是權證已經下市了，而且履約拿到的錢，比買價還低。所以我個人認為發行上限型權證真的不太合理。

Note

2-3
權證的9大要素

要素1》標的股票

台灣證交所和財團法人櫃檯買賣中心,每1季都會審核並公布可以作為權證發行標的的股票,例如到2019年第1季有354檔,大約占所有上市、櫃股票的1/5。而加權指數、金融指數、電子指數也都有權證發行,同時掛牌交易的權證有上萬檔。

有很多好權證的標的股票都是大牛股,不過就算是波動度低的大牛股權證,也是可以拿來短線交易的。一般人大概沒聽過有人當沖台積電(2330)致富的,但買台積電的權證,卻可善用高槓桿;台積電上漲1%,權證上漲10%,所以靠當沖台積電的權證而致富,是有可能的。

不過,不是所有經過交易所核准發行的權證,都是「安

全」的。過去也有發生過踩到地雷的情況，像是雅新（已下市）的權證。但買雅新現股的賠錢比例，會比買權證來得慘，如果買的單位數一樣，兩者都歸零後，前者賠的錢可能是後者的10倍。在第4篇裡，我會詳述什麼樣的標的股票，適合用權證來投資。

要素2》**發行商**

權證和股票不一樣，前者是由發行商設計發行，並提供流動性（就是一般所稱「造市」的責任）；股票則是上市公司自己印的，除了在剛掛牌的時候，承銷商會刻意去「護盤」之外，平常不會有特別的造市者，交易對手是同在這個市場的投資人。

比如同一時期的權證有9,000多檔，有時可能有3,000檔當天都沒有成交量，所以買權證的交易對手就是發行商，別以為會有散戶來撿庫存單；除非是投顧老師或是代操，可以號召會員來接自己丟出的單，不過這樣等同是坑殺會員。

所以，選擇發行商是非常重要的，「好的發行商讓你上

天堂，不好的發行商讓你淚兩行」。有沒有買到好發行商發行的權證，經常左右獲利與否。

發行商在權證上可以動的手腳很多，形形色色，最大的原因就是它們想賺錢。拿最簡單的調降委買隱波率來說，黑心發行商常常會視權證釋出的情況（也就是投資人手上籌碼的多寡），決定是不是調降委買隱波率；調降隱波率之後，掛出的委買價就會低，因為只能賣給發行商，也就賣不到好的價格。

所以如果看到1檔權證在賣掉很多、也就是在外流通比率很高（這數字一般券商都有提供）之後，發行商就大幅調降委買隱波率，這就是不好的發行商的特色之一。

我統計過去自己買的權證，會賺錢的，通常就是那些不會亂降隱波率的良心發行商，偶爾我也會被黑心發行商低隱波率、價格便宜的權證引誘進去，往往最後「買低、賣更低」，慘賠出場。所以挑選權證時一定要選擇良心發行商，盡量避開黑心發行商。至於黑心發行商除了胡亂調降隱波率之外，到底還幹些什麼壞事，例子不勝枚舉，詳情在第3篇論述。

要素3》**履約價**

履約價和標的股票價格的關係，可分為以下3種情況：

1. **價內**：認購權證履約價格低於標的股價。
2. **價平**：認購權證履約價格等於標的股價。
3. **價外**：認購權證履約價格高於標的股價。

假如說現在股票100元，認購權證履約價90元，這就是價內；假如說股票100元，認購權證履約價是120元，就稱為價外。以認購權證來說，當標的股價高於履約價時，才有履約價值，但價平或價外時，因為沒有履約價值，故內含價值為零。公式是：

價內外百分比＝（股價／履約價）－1

如果股價大於履約價時，就為正值（價內，詳見圖1）；而如果股價小於履約價時，則為負值（價外），不過各家券商對價內外的正負值定義不太一樣。

至於權證履約給付有哪幾種？有2種，一是證券給付，

一是現金結算。一般建議現金結算就可，如到期具履約價值而未申請履約者，發行人將以權證到期日標的證券收盤前60分鐘內成交價格之簡單算數平均價自動現金結算。

要素4》行使比例

也有人稱「執行比例」，是指買進1張認購權證，到期時可換得多少現股的認購權利。如果問我要買高行使比例還是低行使比例權證？我會說買高的好。有2個原因：

1. 參與股票上漲或下跌的程度高。
2. 不會在報價上被發行商吃豆腐。

舉個例子，表1中2檔權證A、B的所有條件都一樣，不同行使比例的權證，在標的股價上漲後，它的委買、委賣價變化有很大差異。權證A到期時可以用履約價買進200股，行使比例就是0.2（200／1,000）；權證B是20股，行使比例就是0.02（20／1,000）。

看這2檔權證委買、委賣價格變化，權證A可用外盤買進價（即委賣價）是1.01元，標的股票價格漲到51元

圖1 價內認購權證＝履約價＜股價

資料來源：挑選權證小幫手

認購權證的價外＝履約價＞股價

後，賣出內盤價（即委買價）是1.1元，可以獲利0.09元
（1.1－1.01）。但權證B外盤買進價0.11元，標的股票
價格漲到51元後，內盤想賣的價格也是0.11元，跟買價
是一樣的；除非權證B掛0.12元排隊等著賣，但那可能要
等很久才會成交，也不一定有人會來買你的權證，根本沒

表1 行使比例低，股票漲了卻難獲利

	可認購股數	行使比例	標的股價（元／股）	委買價（元／股）	委賣價（元／股）
權證A	200股	0.20	50	1.00	1.01
			51	1.10	1.11
權證B	20股	0.02	50	0.10	0.11
			51	0.11	0.12

有賺頭。

因為不同交易價格每升、降1檔（Tick）是多少錢，這是證交所規定的，低行使比例的權證通常價格就低，去計算委買、委賣價之間的價差幅度就大。

所以低行使比例就有這個缺點，股票漲了，發現賣了卻賺不到錢；有些人想：「賺不到就等隔天吧！」結果一直等下去，等到權證都歸零了還沒有賣。

因此，要記得買高行使比例的權證，比較容易賺錢；買低行使比例的權證，唯一的好處是可以買的張數較多，賺的僅僅有面子。不過，儘管小哥一直鼓吹大家去買高行使

比例的權證，但是從進出資料來看，低行使比例的權證還是賣得特別好，所以說，這再一次驗證市場上的贏家總是少數人。

要素5》**到期日**

一般發行商發行權證的存續時期通常是6個月，距離到期時間有多長，就是「到期日」，其中可略分為遠天期與近天期2種：

項目	遠天期權證	近天期權證
優點	時間價值遞減的速度較慢	槓桿高
缺點	槓桿低，可能只有3～4倍	時間價值遞減速度快

市場上約有9成權證的壽命是6個月，所以4～6個月的就算遠天期；優點是時間價值掉很慢，買了隔天也不大會跌，但缺點是槓桿很小，若今天買同樣1檔現股的遠天期權證和近天期權證，前者的報酬率可能只有後者的一半。

很多發行商在權證教戰時不斷提醒投資人，不要找距離

到期日過短的權證，因為時間價值流逝很快；但我自己滿常操作近天期的權證，玩起來比較刺激。我會去計算「期望值」，它不是歸零，就是可能翻成好幾倍，這點在第4篇中會詳述。

要素6》買隱波&歷史波動率

買隱波，指「委買隱含波動率」，一般而言，當委買隱含波動率高時，權證價格就會高；當委買隱含波動率低時，權證價格就會低，所以隱含波動率高低不是重點，重點是要夠穩定。

像圖2中的權證，其隱含波動率曾經瞬間殺低過，這是因為在收盤時，沒有掛委買價導致，平常看來都算穩定，委買隱含波動率就是要挑穩定的買，突然拉高的千萬別買，很有可能是完售的權證！

沒有良心的發行商會私底下調整這個隱含波動率數字，尤其是在權證造市舊制時，發行商最會利用調降隱波率動手腳，來坑殺投資人。現在市場上還是有某家發行商喜歡用這招，不過這跟負責的主管有關，可能讀者在看這篇的

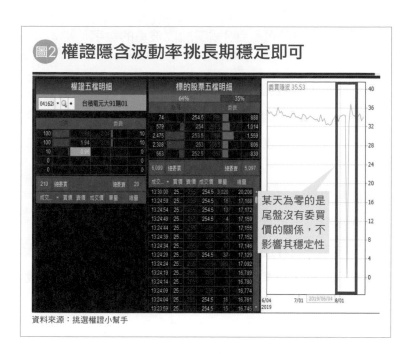

資料來源：挑選權證小幫手

時候，這位主管又跑到別家發行商去了。如何坑殺？在第3篇會詳細解釋。

　隱波率難不難了解？説實話，對一般散戶來説，還滿難的。記得在2009年時，我到證交所申訴，説某某發行商在隱波率上坑殺散戶，我解釋了老半天，發現他還是鴨子聽雷，原來連證交所的人都不懂什麼叫隱含波動率，不過最近情況已改善很多。

查權證的資料時可看到3個關於隱波率的數字：

BIV──委買隱含波動率
SIV──委賣隱含波動率
IV──成交隱含波動率

我們看的是委買隱波率，因為關乎買進是貴還是便宜，而且賣出權證時也是賣內盤價，看的也是委買隱波率；看成交隱波率是沒什麼意義的，因為很可能是一般散戶隨便掛單所成交的，且某一段時間都沒有成交的話，之前的數據就更不具參考意義。

因為隱波率低時，權證就便宜，所以教科書上都會教投資人去買低隱波率的權證，但在台灣市場有些黑心發行商會動手腳降隱波率，以增加自己的利潤，讓買價低、但賣價更低。所以我會說，「低」且「穩定」的委買隱波率，才是最好的。

那如何挑「穩定」隱波率的權證呢？就要看發行商過去的信譽（Credit）如何，每家發行商都會有它的信譽，如果還不了解，就常上討論區，或到小哥的群組看看，你就

知道了。

除了委買、委賣及成交隱波率外，還會看到一個「歷史波動率」數字，就是權證的標的股票過去股價活潑的程度。像台積電這類股票的歷史波動率就很低，例如2019年8月，台積電的歷史波動率只有20.1%（詳見圖3）。

標的股票的歷史波動率，通常是發行商賣權證時定價的參考，發行商必須賣得比標的股票的歷史波動率還要高，才會有利潤，所以台積電權證的委買隱波率通常是30%～40%左右。但如果看到一家發行商發行以台積電為標的股票的權證，委買隱波率特別低，不但是全市場最便宜，甚至比歷史隱波率還低，這時就要觀察它的委買隱波率有沒有穩定，因為之後這發行商也很可能會用最便宜的價格買回。所以在挑選權證時，要注意挑委買隱波率穩定的，以免誤入陷阱。

要素7》Delta值

在權證眾多係數中，Delta值算是相當重要的一項係數。它的運用是：標的股票每增加1元，權證上漲1個

圖3 以台積電為標的的權證歷史隱含波動率低

以台積電為標的股票的權證，歷史波動率通常低於委買隱波率

代號	名稱	差槓比(%) ▲	價內外	買隱波	天數	買價	賣價	買量	賣量	成交價	漲跌幅(%)	總量	外內比(%)	槓桿(倍)	賣隱波	Theta(‰)
036785	台積電認基8A購11	0.08	-3.0%	40.2	49			30	30	1.13		50	20	10.2	40.5	-7.31
043512	台積電永91購01	0.09	-16.0%	37.4	143			30	30	1.43		1109	-98%	7.9	37.5	-3.14
043563	台積電富91購08	0.09	-4.9%	32.3	144			30	40	1.63		1665	-49%	7.2	32.5	-4.49
042705	台積電亞單91購01	0.09	-6.7%	31.3	221			10	10	1.93		1	-100%	6.1	31.4	-3.64
041935	台積電富8C購09	0.09	-17.3%	35.5	114			25	10	0	0.0%	0		10.1	35.7	-14.11
045420	台積電富91購07	0.09	-21.3%	34.1	176			30	30	1.32		149	-73%	8.4	34.2	-2.41
042390	台積電亞單8C購01	0.09		31.1	123			10	10	0	0.0%	0		7.4	31.3	-8.01
035944	台積電認基8A購06	0.09		40.9	60			30	30	1.66		43	-7%	6.6	41.4	-3.16
044468	台積電群益91購01	0.09	-16.0%	30.7	218			25	10	1.49		1058		7.5	30.8	-3.37
042696	台積電富8C購16	0.09	-18.7%	34.5	130			30	30	1.13		157	-62%	9.7	34.6	-2.78
043564	台積電富91購09	0.09	-11.6%	33.3	144			30	30	1.36		265	-40%	8.1	33.4	-4.03
044420	台積電元富91購05	0.09	-8.4%	33.1	164			25	25	0	0.0%	0		7.4	33.2	-3.75
044251	台積電亞單91購03	0.09	-6.7%	31.3	164			10	10	1.54		69	-62%	7.1	31.4	-4.04
044352	台積電富91購07	0.09	-17.4%	34.3	144			30	30	1.2		90	-56%	8.9	34.4	-2.95

資料來源：挑選權證小幫手

Delta元，所以可以從股價的漲跌算出自己的獲利（詳見圖4）。

　　在一個行使比例為1的權證中，Delta值最大就是1；在快到期深度價外的權證中，Delta值是趨近於0的，所以有些權證即便標的個股漲停了，權證價格卻沒反映，就是如此。這個概念還滿重要的，因為這個Delta值就是發行商的避險比率，如果Delta值是0.5，則投資人買進一張權證時，發行商就要去市場上買0.5張標的股票來避險。用這個數字，可以算得出來發行商到底要為了避險買進多少張

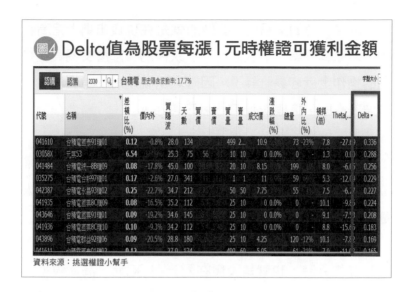

圖4 Delta值為股票每漲1元時權證可獲利金額

資料來源：挑選權證小幫手

數。

　如果說1檔權證的標的股票成交量很低，1天可能才500張；假設去買1,000張權證，那發行商就要去市場上買500張股票來避險，造成標的股票價格也往上漲，那手上權證的價值也跟著水漲船高了。

　當股票大漲時，Delta值會增加，為達到中性避險，發行商得買進更多股票；當股票大跌時，Delta值會減少，為了避免自身避險部位虧損太多，發行商就得釋出股票。

　　所以發行商的交易員，要做的就是在現貨市場上追高殺低，若這檔股票一下漲停、一下跌停的，那麼交易員在這檔的操作上就容易賠錢了，因應之道就是將權證賣貴點，隱波率高些，這樣Delta變化就來得小。

　　表2是模擬距離到期日剩100天時，若權證的履約價是100元，行使比例1的狀況下，Delta值的變化，讓投資人觀察Delta值跟委買隱波率的變動情形，可以發現：

　　1.在價外時，也就是股價在70～100元，高隱波率的權證Delta值比較大，因為高隱波率代表股價比較活潑，進入價內的機會也就比較高了。

　　2.低隱波率的Delta值變化比高隱波率來得劇烈，故買低隱波率的權證對投資人而言，其漲跌就相當有感覺，也就是槓桿變大了，所以買低隱波率權證得嚴格控制好自己的部位，善設停損停利點。

要素8》Theta

　　權證每天會流失多少的時間價值，就是Theta，也就是

表2 價外時，高委買隱波的Delta值相對較高

股價（元）	距到期日（天）	低委買隱波	Delta值	高委買隱波	Delta值
70	100	0.40	0.064	0.80	0.274
72	100	0.40	0.083	0.80	0.296
74	100	0.40	0.104	0.80	0.319
76	100	0.40	0.129	0.80	0.342
78	100	0.40	0.157	0.80	0.365
80	100	0.40	0.187	0.80	0.388
82	100	0.40	0.221	0.80	0.410
84	100	0.40	0.256	0.80	0.433
86	100	0.40	0.293	0.80	0.455
88	100	0.40	0.332	0.80	0.476
90	100	0.40	0.371	0.80	0.498
92	100	0.40	0.411	0.80	0.518
94	100	0.40	0.451	0.80	0.539
96	100	0.40	0.491	0.80	0.558
98	100	0.40	0.530	0.80	0.578
100	100	0.40	0.568	0.80	0.596
102	100	0.40	0.605	0.80	0.614
104	100	0.40	0.640	0.80	0.632
106	100	0.40	0.673	0.80	0.649
108	100	0.40	0.704	0.80	0.665
110	100	0.40	0.733	0.80	0.681
112	100	0.40	0.761	0.80	0.696
114	100	0.40	0.786	0.80	0.710
116	100	0.40	0.809	0.80	0.724
118	100	0.40	0.831	0.80	0.738
120	100	0.40	0.850	0.80	0.751
122	100	0.40	0.867	0.80	0.763
124	100	0.40	0.883	0.80	0.775
126	100	0.40	0.898	0.80	0.786
128	100	0.40	0.910	0.80	0.797
130	100	0.40	0.922	0.80	0.807

註：以距離到期日剩100天，權證履約價是100元、行使比例1的狀況下，Delta值的變化

買進權證後，每放1天，要繳多少錢給發行商，這是發行商最主要的賺錢來源。這個值一定是負的，不管是認購權證、認售權證都一樣。

給發行商賺的時間價值，我稱為「過夜費」，就像去住旅館一樣，總要付水費、電費什麼的。至於每天降多少，一般權證報價軟體都查得到，但如果突然降太多，就表示這發行商調降隱波率了。

少數發行商計算時間價值是一天天算，比如說我週五去買權證，放到週一再賣，這樣時間價值是算3天，大部分券商的設計是不計算假日，而是把7天的時間價值分配到交易日的5天，所以隔週的時間價值只掉1.4天。

要素9》**實質槓桿**

標的股票漲1%，權證漲幾趴呢？這就是實質槓桿。例如一檔權證的實質槓桿是5倍，就是標的股票漲1%，權證就會漲5%。如果獲利金額目標是固定的，買進實質槓桿愈高的權證代表需投入的資金愈少，手上資金的使用就愈有效率。

　　在其他條件都相同的情況下，通常愈價外的權證，或者距離到期日愈近，實質槓桿愈高；愈價內的或者距離到期日愈遠的，實質槓桿就愈低。

2-4
什麼是牛熊證？

這本書2011年初版上市時，台灣的第1檔牛熊證已經交易逾半年的時間了；而在香港市場，牛熊證是很熱門的產品，占了全部市場的成交量將近10%，跟一般權證占比

牛熊證在台灣發行時，由亞東證券搶到頭香！

代號	名稱	種類	上市日期	到期日	最後交易日	結算日	發行量（張）
03001B	亞熊01	認售	100.07.08	100.11.07	100.11.03	100.11.07	1萬
03001C	亞牛01	認購	100.07.08	100.11.07	100.11.03	100.11.07	1萬

代碼易混淆，猜看看下面這檔是元大還是元富發行的？

03005B	元熊01	認售	100.07.08	100.10.07	100.10.05	100.10.07	1萬

這是永昌還是永豐發行的？

03011C	永牛A1	認購	100.07.08	100.10.07	100.10.05	100.10.07	1萬

寶牛……看了就覺得買到寶

03033C	寶牛10	認購	100.07.08	100.10.07	100.10.05	100.10.07	1萬

註：1.由於上述牛熊證皆已到期，故代號、名稱等皆已無法在各券商系統中搜尋；2.表中上市日期、到期日、最後交易日、

不相上下。投資人可能以為10%不多，但10%已經約當台灣權證市場的10倍，台灣的權證交易只占全部市場成交值的1%。

什麼是牛熊證呢？市場習慣用「牛（Cattle）市」代表多頭，「熊（Bear）市」代表空頭，所以，看多一檔股票時可以買進牛證，看空時可以買熊證。

在發行初期，台灣的牛熊證名稱較短（詳見下表），

標的股票代號	標的股票	表彰股數（股）	履約價（元）	上限價（元）	下限價（元）	調整後履約價（元）	調整後上限價（元）	調整後下限價（元）
2303	聯電	400	17.24	15.81	—	17.24	15.81	—
2303	聯電	400	11.26	—	12.69	11.26	—	12.69
IX0001	台股指數	5	9,876.00	9,613.81	—	9,876.00	9,613.81	—
2303	聯電	200	11.54	—	12.68	11.60	—	12.68
2823	中壽	200	29.36	—	33.27	29.36	—	33.27

結算日皆為民國年

香港的就很長了，像「恒指摩通一二熊A」、「恒指瑞信一二熊C」。

槓桿比股票高又沒斷頭風險

牛熊證與一般權證有4大不同之處：

1.牛熊證和股價連動的比例是固定的，所以漲跌金額會較貼近標的股票，計算方便。

2.牛熊證沒有複雜的隱含波動率問題，沒有被發行商降隱波率的風險。

3.牛熊證沒有時間價值遞減的風險，發行商會收取大約6%～20%的「財務費用」。

4.牛熊證有上下限價，如果看錯了方向，牛證的標的股票觸及下限價，熊證標的股票觸及上限價，權證就提前到期，強迫結算。

因為牛熊證的漲跌金額與股票一致，與信用交易比較的

話，投資人買牛證，就很像用融資買進股票，買熊證相當於用融券放空股票；不同的是，融資的槓桿是2.5倍，牛熊證的槓桿少則3倍，大則超過10倍，投資人只要付少許的利息，便能獲得大槓桿倍數，賺取價差。而且牛熊證的交易稅比照權證只要千分之1，股票要千分之3。

這樣交易稅金是省了2/3嗎？錯！稅金省的比2/3多太多。舉例來說，若這檔牛證的槓桿為5倍，在同樣的獲利金額下，稅金只要原來的1/15，100元稅金省了近93元，只要付7元就好，可以說是省很大。

融資買股票有追繳保證金風險，沒錢繳只能被斷頭；更恐怖的是想斷都斷不掉，像之前唐鋒（4609）的例子，融資想賣賣不掉，融券想補補不到。買牛熊證有比融資券更高的槓桿，卻沒被斷頭的風險，也沒有借不到券的困擾，遇到除權息、股東會，更沒有強制回補的限制，重點是，還不用繳股利稅，對於除權息操作是好處多多。

價差比愈大，交易成本愈高

牛熊證雖沒有被發行商降委買隱波率的問題，但發行商

可能擴大委買、賣價差比來賺取利潤,所以買牛熊證這個新商品,一定要更注意價差比,愈大的交易成本就會愈高。我通常會把價差比也視為「交易成本」來計算,買牛熊證時,現股要漲多少趴才能夠獲利?

若超過0.585%,代表交易成本高於股票,以股票的流通性比牛熊證好來說,就沒必要買牛熊證,寧可選股票。

股票的交易成本
手續費:0.1425%×2　　　交易稅:0.3%
總計:**0.585**%

牛熊證的交易成本
手續費:0.1425%×2　　　交易稅:0.1%
總計:**0.385**%

加進價差比及財務費用的牛熊證交易成本算法
A＝考量價差比的牛熊證交易成本
委賣價×1.001425－委買價×0.997575（外盤買、內盤賣）

B＝財務費用
履約價×預定年利率×（天數／365天）×行使比例

（A＋B）÷（行使比例×股價）<**0.585**%（代表交易成本低於股票）

　　我舉1檔台積電（2330）的牛證為例，履約價59.93元，行使比例為1，委買12.4元、委賣12.6元，當時台積電股價為72元，假設持有3天，預定年利率6%，則加入價差比的台積電牛證交易成本計算如下：

A：12.6元×1.001425－12.4元×0.997575
　　＝0.248025元
B：59.93元×6%×（3天／365天）×1
　　＝0.029555元
0.248025元＋0.029555元＝0.27758元
0.27758元÷（1×72）＝**0.3855**%（<0.585%）

　　也就是說，台積電這檔牛證只要現股上漲0.3855%就可以賺錢。所以好的牛熊證交易成本比股票低，還可以享受高槓桿帶來的利潤。

界限價有陷阱，小心活活被扒幾層皮

　　不過牛熊證可不是完全沒有風險，在操作時要小心。牛熊證的停損機制看來很佛心，但在香港，發行商賺最大的

部分就在這個停損機制。話說這個界限價，看似是教導各位停損來的，事實上隱藏著一個很恐怖的算法。舉例來説，若今天買牛證，尾盤不幸收在下限價之下，那這檔牛證的最後交易日就是今天，結算價是算明天的標的股票盤中平均價，去結算牛證的剩餘價值。

用數字來舉例，假設矽品（已與日月光合併，現為「日月光投控」，股票代碼：3711）履約價30元，下限價33元，盤中現股股價是35元，到期日有半年，財務費用預定年利率算10%，行使比例為1，這檔牛證的內含價是35－30＝5，財務費用是30×10%×0.5＝1.5，牛證價格大概是5＋1.5＝6.5元。若矽品不幸尾盤急殺至當時的跌停33元（自2015.06.01起，漲跌幅限制由7%放寬至10%），這檔今天就停止交易，隔天平均價也是33元的話，結算價就是33－30＝3元，財務費用歸零，全部奉送給發行商！這就好像去借錢買房，結果房價下跌，忍痛停損賣出，往後半年的利息還得繳。

慘的不只這些，結算價的交易稅得用現股去算，這檔一張還得繳99元的交易稅，也就是説，今天一早花了6,500元去買一張權證，尾盤不小心結算只剩下3,000

元，還得付高達99元的交易稅，大概占3%，手續費還沒算呢！等於一頭牛剝了好多層皮。

　　所以如果用持有時間做區隔，買進後準備1～2天就出場的，就買一般權證；差不多要放2個星期的，建議從牛熊證選，因為時間價值流逝比較慢；放超過1個月的，就買股票。因為有界限價的設計，牛熊證要很注意的是莊家通殺的那一天，我通常會自設一個10%的安全距離，如果下限價是90元，若現股已跌到100元，我寧可出場、換另1檔同樣標的權證，比較安全。此外，還要注意現在牛熊證在外流通量少，量大以後恐怕發行商會損壓現股價格，強迫權證投資人出場。

強制結算，眨眼賠掉1年薪水

　　小哥也有看過發燒國片《賽德克‧巴萊》的悲慘霧社事件，為了讓讀者更了解牛熊證可能隱藏的陷阱，小哥特別改編「3,000塊‧還來」的悲慘牛證事件：

　　在富邦金（2881）購併安泰人壽後，保費收入大幅成長，加上在中國布局完整，獲利能力優於同業，在2011

年中秋假期過後，連續2天大盤大跌之際，來自富邦經紀的老王想進場搶個金融股的反彈，又聽電視上投顧老師說，牛熊證有兩好，就是這個也好、那個也好。打開電腦一看，由凱基證發行的凱牛10造市最好，盤中都是1檔價差，盤中約7元買進，收盤買盤站上7.55元，內心竊喜，想說今日反彈搶得不錯，帳面輕鬆獲利7%，在大跌之時，此種績效想必投顧老師都汗顏。

來自富邦園區的小李，手頭有90張凱牛10，盤中做了一趟價差，賣價平均約8.3元，買價約8元，雖然收盤只有7.55元的買盤，但盤中衝浪結果，可讓帳面少賠2萬7,000元，也是1個月的薪水，還算可以交代。

隔一天，老王跟小李打開電腦一看，在歐美股都大漲百點時，期貨開盤大漲近200點，正要繼續操作此檔，突然發現已經沒辦法下單了，原因就是這檔牛證的標的股票收盤價昨日已經觸及下限價，強迫停損出場。

觸及下限價後，投資人無法再進行交易，而停損的結算價為觸及下限價的次一營業日之所有成交價之均價，只有4.35元，這還沒扣掉結算成本，結算交易稅約0.08元、

手續費約0.03元，這檔拿回的價錢大約只有4.24元，也就是老王跟小李前天的操作獲利除了化為烏有外，每張還現賠3,300元，手上有90張的小李，一共賠了30萬元。

若這檔沒被強制結算的話，要讓小李賠到30萬元，必須得要富邦金現股再跌5.6元的情況之下才會發生，但一被強制結算，賠掉的錢如此之多，小李氣得以後都不想買牛熊證了。

讀者一定想問：為何這檔牛證的財務費用如此之高？原因就出在：這檔的到期日還有11個月，而凱基發行這檔的財務費用，小哥略算大概是年息15%，也就是投資人在這檔結算時，須再支付11個月的利息，其中消失的3,000元，就是利息了。

以上故事除了綽號是小哥編的以外，其他都是事實，進出價位與交割券商都可以在證交所網站查詢。在此建議投資人，投資牛熊證，務必注意上下限價格，且記得要選擇財務費用較低的牛熊證，若已經快達上下限價時，最好先自我停損出場；另建議發行商，想多賺錢的話，發個跟房貸一樣的20年期牛熊證好了。

2-5
進場前切記認知風險

我不希望大家看到小哥用權證快速賺錢,就以為玩權證很容易,我想把醜話和風險提醒寫在前頭。很多人買股票可能是賠幾十萬元,剩下幾萬元,每天輸贏幾千元,覺得不夠刺激,來買權證,而權證就是把這些零錢全部輸光的地方。

權市險惡,陷阱無限

權證的專有名詞很多,如果對這些基礎知識一知半解就想進權證市場賺錢,那鐵定常吃「歸零膏」──玩到錢歸零為止。玩權證前,券商會先要求簽一個風險預告書,撇清責任,就是輸光所有家產都不干它事。

不過,權證唯一的好處是不會出現負債,最多歸零為止,除非是借貸來玩;這點就比期貨和選擇權還要好,所以損失

有限。只是權證市場之險惡，仍然是陷阱無限。小哥特別轉貼一首打油詩，提醒大家權證市場不是那麼容易搞的：

武松進去，肉鬆出來	站著進去，躺著出來
老虎進去，小貓出來	大衣進去，三點式出來
鱷魚進去，壁虎出來	老闆進去，打工仔出來
蟒蛇進去，蚯蚓出來	寶馬進去，自行車出來
別墅進去，草棚出來	牽著狗進去，被狗牽出來

掛到芭樂單，輸了一屁股

權證是一個不挺有效率的市場，流動性不高，光是2019年8月5日的權證裡，就有7,420檔權證的成交量是0，占了發行量的4成多，在這樣沒有效率的市場裡，單看成交價是會失真的。

也因為如此，不要天真地以為手上的權證都可以順利賣給其他散戶，其實交易對手就是發行商，買的權證多半是要賣回去給發行商的，如果遇到沒良心會動手腳的，很容易就掛點出場。

　　此外，因為流動性不好，下單時都必須很小心，價格一按錯就差很大，也千萬不能像買股票一樣，高興就用市價去追；用市價買，會買到恐怖的天價，用市價賣，會被砍到很低很低。

　　市場上有個專有名詞，叫做芭樂單。什麼是芭樂單？我舉個2011年初很轟動的選擇權例子。有個投資人戶頭裡有30萬元，他按下了1,000口8,100點近月合約賣權的市價單，他以為掛著慢慢成交，價格不會差很大。

　　但是就在1秒鐘之內，他帳戶的平倉損益，從正4萬多元瞬間變成負的近千萬元，這口選擇權的市價，也從3、4點衝到了620點，成交的點數平均360點，1點50元，1口就得賠1萬8,000元。

　　這是在1秒鐘內發生的事情，因為他以為選擇權買方頂多賠光光，買方沒有保證金的問題，最多扣完了，就不給下單了，又不是做賣方或是做期貨，有保證金跟追繳的問題。怎麼連做選擇權買方，也會有負債的事發生？選擇權書上不是寫當買方風險有限，獲利無限嗎？怎麼當買方還會賠個上千萬元？

領悟

作詞：李宗盛　作曲：李宗盛　改編：小哥

我以為獲利無限　但是卻沒有
我只是怔怔看保證金帳戶　突然變成負負負負
這何嘗不是一種領悟　讓我把市價看清楚
雖然那芭樂的痛苦　將日日夜夜在我靈魂最深處
我以為風險有限　但是卻沒有
當我看到8100的PUT　竟然像火箭一樣噴出
這何嘗不是一種領悟　讓你把市價看清楚
限價是保護的幸福　可惜你從來不在乎
三十萬元就此結束　千萬現金看要荒蕪
成交價格若是錯誤　願你我沒有白白受苦
若能得到寶貴經驗　就應該滿足
啊！多麼痛的領悟　千萬是好車三部
只是你回首成交價的每一步　都看得好痛苦
啊！多麼痛的領悟　負債超過財產全部
只願你改變市價下單　慢慢買PUT　別亂追逐　別為市價受苦

　　這件事最後怎麼解決的，小哥不知情，我覺得這期貨商的程式與風控有問題，怎會讓保證金不夠的帳戶拚命買進？這種因為下市價單讓芭樂單出現的事情，是時常在權證市場或

是選擇權深度價外交易中發生，就連小台（小型台指期貨）也發生過好幾次。

所以當買賣權證時，記得用限價單，別看買賣盤非常多，就下市價單。因為在權證市場裡，發行商的造市買賣盤，很可能在一瞬間全部撤掉，那成交的市價買盤可能就是天價，市價賣盤就是地板價了。

對於這投資人，喜歡聽歌的小哥，在此點一首〈領悟〉來安慰一下，並告誡投資人，衍生性金融商品請下限價單，才不會出現芭樂價。

Note

2-6
發行商不報價時要警覺

大部分的權證買賣對象都是散戶對發行商，而證交所也對發行商做了價差只能10檔的規範；既然我們從發行商手上買來的權證多數是賣回給它們，那麼權證發行商何時不報價，我們一定要清楚掌握，在它們不報價的時候，買進或賣出的行為就要更謹慎。

8種狀況不提供完整報價

依照證交所規定，權證發行商（或稱「流動量提供者」）具有掛出買、賣報價，也就是造市的義務，但在某些特定的時候得不提供報價，或僅提供買進或賣出價格。在文字規定裡，發行商不提供報價有以下8種狀況：

狀況1》集中交易市場開盤後5分鐘內

這點是很多權證新手忽略的地方，在交易市場開盤後5

分鐘內，發行商並未開始提供報價，進場都是買到其他投資人賣出的權證。這非全然是壞處，但價格通常都會失真，所以常看到開盤漲50%，5分鐘後打回原形的案例。

狀況2》權證的標的股票「暫停交易」

像雷凌（已下市）因被聯發科（2454）購併，進行股份轉換，申請其有價證券終止上市，經台灣證券交易所報奉主管機關核准，公告該公司有價證券自2011年9月23日停止買賣，10月1日起終止上市，這段期間雷凌權證就無法交易了。

狀況3》當流動量提供者專戶內之權證數量無法滿足每筆報價最低賣出單位時，流動量提供者得僅申報買進

最近有些錢很多的主力，買光權證，自己當造市者，這些通常下場都很慘，原因就是發行商手中的權證剩不到10張的時候，就不能報賣價了，可以只報買價。發行商不報賣價，那買價的隱波率通常會比較低，市場上的權證上萬檔，要期待市場上的散戶來買，無異緣木求魚。

狀況4》標的證券價格漲停時，認購權證可只申報買進價格、認售權證可只申報賣出價格；跌停時，認購權證可

只申報賣出價格、認售權證可只申報買進價格

意思是標的股票漲停的時候，造市者沒有義務再賣認購權證；股票跌停時，也沒有義務再賣認售權證。所以股票漲停、跌停時要特別小心，當看到股票漲停了，想去追買權證，這時候掛出的賣單鐵定不是來自發行商，千萬不要不計價格，傻傻地給它買下去，要評估那個賣價會不會是「天價」權證。

舉個例子，假設今天A股票漲停了，漲停委買有5,000張在排隊，成交只有10張，這種股票強不強勢？當然很強勢！好，若想去追權證，權證委買1元有500張，0.99元也有500張，那就知道這個買單是發行商掛出的，若有人賣1.05元要不要買？買！若賣單是3元要不要買？要仔細去算Delta值，看值不值得用3元去買。

也就是說，如果賣價只比合理價格高一點點，標的股票又很強勢的話，就可以買；但如果高出很多，就算明天A股票漲停了，權證價格只值1.5元，那3元的權證當然就不能買。

這是一般投資人常常會犯的錯誤，只知道現股漲停了就

去買權證，記得應該要先觀察大量委買量的價在哪，因為時常會發生隔天現股漲，權證還是跌的，大部分都是這個原因。

狀況5》**價內程度超過30%的權證，可只申報買進價格**

也就是深價內的權證，發行商可以不掛出賣單，只掛買單，把權證收回去。但是還是要看發行商掛出委買的價格是不是合理，若是低於內含價，例如計算出內含價是7元，但發行商掛出的委買單是6元的話，可以直接打電話給發行商，請它用合理的價格買回去。

大部分發行商都會埋單，像小哥就時常打這種電話，有時才開口「喂」一聲，接電話的交易員就會說：「小哥是吧！」我在想他們可能看過我的權證DVD，大概想知己知彼才能百戰百勝吧。

狀況6》**權證理論價值低於0.01元的權證**

就是內含價值低於0.01元的權證，發行商可以不用買回去。我常說權證價格0.01元可能是「最貴」的權證，因為很多0.01元的權證幾乎已經不可能履約了，花10元去買當然還是貴。

但國內市場還是有幾家好心的發行商，會用0.01元跟散戶買回，譬如已經價外40%了，只剩3天到期，權證一點價值都沒有，因為即使3天都漲停板，也不可能漲到40%；但有的發行商還是會用0.01元買回，像統一證券，就會做這樣的事，很值得稱讚。

這就好比去賭場輸光了，賭場給10元讓賭客坐公車回家，不讓他們流落街頭。不過，多數發行商是沒有這種慈悲心的。

狀況7》**流動量提供者在日常運作出現技術性問題**

例如，電腦當機、網路纜線被挖斷，通常看到同一家發行商都沒報價時，大概就是上述情形。這時除了耐心等待修復外，切記別買高賣低。

狀況8》**當發行人無法進行避險**

例如認售權證遇到停券的時候，這時就可以不報賣價，不過因為發行商通常手上都有現股部位可沖，一般都還是會報價。

看完本章，權證新手可能被一堆專有名詞搞得暈頭轉

向，沒關係，你可以拿出一筆非常小的資金，試著買賣看看，拿著本書邊做邊學，相信很快對於這些名詞就能駕輕就熟了。如果已經是權證老手，本篇也可以讓你在進入實戰篇之前，先對基本觀念進行複習，或澄清一些過去認知有誤的地方。

第3篇

能帶你上天堂，也能讓你淚兩行

摸透券商爛招

想用權證賺錢，一定要先搞懂權證發行商的坑殺陷阱。且看小哥舉出在權海浮沉遇到各種無良實例，詳盡圖解說明，讓黑心券商無所遁形！

3-1
那些年
我們一起賠的權證

買權證時，一定要挑有良心的券商所發行的權證，就是挑好的交易對手，讓人容易進出。就像打麻將，大家都希望牌友牌品佳、有風度，輸了不要賴帳、講一堆藉口，乖乖把錢交出來就是，最怕就是遇到會耍老千的人，讓人沒賺到該賺的、賠了不該賠的。

現在還是有些不肖券商坑殺投資人的SOP（標準作業程序）是：報價漂亮→吸引顧客上門→權證大量釋出→降委買隱波率，同時拉大價差困住投資人→報價時間縮短，每5分鐘只出現30秒→投資人只好乖乖放著等解套→左等右等解不了套，時間價值一點一滴流逝直到權證價值歸零。

所以投資人在選擇發行券商時，得多觀察它們的委買隱波率是否穩定，委買委賣價差比是否合理，永遠都要記住「好券商讓人上天堂，不肖券商讓人淚兩行」。

在我把10萬元變千萬元之前，曾經經歷了很長一段「黑暗期」，那就是在2009年底，權證造市新制度還沒有上路之前。

那時候幾乎每一家券商都超級坑人，永遠穩賺不賠；9成9的投資人保證「掛點」，不管你拿多少錢來，最後都是一樣。

新制上路前，3大弊病吸乾投資人的血

弊病1》發行時履約價超高

券商發行權證時，100元股票，履約價是150元，現股要漲很久才可能到150元，但當股票好不容易漲到150元時，權證已經要下市了；所以把舊制時發行的每一檔權證K線圖調出來看，都長同一個樣，就是一條負斜線（從左上向右下傾斜）。

券商發行權證時，隱波率非常高，然後愈賣愈低；此外，負責造市的券商在掛委買、委賣的價差也很大，可能委買單掛在0.5元，委賣單掛在1.5元，如果你買進之後想要馬上賣，就算現股價格沒動，也根本沒人會向你買。

弊病2》左手賣給右手，券商自己撮單

當投資人要賣時，負責造市的券商並不會跟投資人撮合，比如你看委買、委賣價各掛在1和1.1元，你也掛出1.09元要賣，就算很多成交在1.09元，但都不是投資人掛的單，它只撮合自己手上的單。

所以在舊制時，市場很多的成交量都是發行商自己創造出來的；大概每天成交1億元，有7,000萬元是券商左手賣給右手。當時發行商的說法是：要讓投資人看出權證和現股走勢的關聯性，看到這檔權證還有「走勢圖」。

弊病3》應付高成本、每天降隱波率

舊制時每一檔權證在證交所的掛牌費用要20萬元，券商成本高，只能從投資人身上賺回來，怎麼賺？就是發行時隱波率超高、然後每天調降，把在外流通的權證市價壓得愈低愈好。比如說開賣時，權證的隱波率可能高達80%，發現有人買進後，每天調降1個百分點。

券商出招，散戶只能刀口上舔血

此外，主管機關以前不懂權證是什麼，把它當作股票看

待，要求券商發行權證時要比照股票「分散籌碼」，規定要有一定數量的戶頭來認購；上有政策下有對策，券商營業員就會找自己熟的客戶來認，事先說好認1張給10元利潤，比如說發行價格是1元，在掛牌第一天第1盤，券商會用1.01元向這些熟客買回，為的只是符合分散籌碼的要求。

在這種環境下，玩權證想賺錢，只剩兩種方法。一種是你只能挑很低價的權證，就是理論價格是5元，但現在市價你可以用2元就買到的超低估權證。

為什麼會有這種機會呢？因為券商發行時為了帳面好看，會盡量把在外流通的權證價格壓低，降隱波率就是它們壓價格的主要手段，但很多投資人是在高隱波率時買進的，因為隱波率被調降、權證價格一直下滑，就會有人丟出這些「傷心的籌碼」，我就會去撿這些傷心的籌碼。但我去撿，很可能變成下一個傷心的人，不保證一定賺。

還有一種賺錢法，就是在權證到期前，把權證當「樂透」來買。買進會有兩種結果，一是大好，獲利翻倍，一是全部資金歸零。

　　所以那時每天我都過著在刀口上舐血的日子。只有碰上大多頭行情時我才能賺到錢，因為我只買超便宜的權證，券商一定會收，但如果遇到熊市或是市場橫向盤整的話，買權證一定賠錢。

　　因為我知道權證在第一天掛牌的早盤，發行券商會用多10元的價格、也就是每股1.01元向熟客回收權證，但遇到現股可能大漲的機會，比如說，今天新掛牌權證的標的股票出現大利多，前幾天已經漲了一大段，權證價值鐵定會超過1.01元，原先認購的投資人不曉得權證會上漲，還是用1.01元掛單賣出，我就去狂掃這些1.01元的籌碼，中途「截鏢」，吃券商豆腐。

　　有一次我就大買昱晶（已下市）剛掛牌的權證2,000張，我記得截鏢了之後，發行這檔權證的券商造市就開始擺爛。

　　當時還沒有規定券商報價範圍不能超過10檔，所以券商就把委買價格掛超低，委賣價則掛很高，價差拉得超級大，因為它們不想讓我賺錢。但若依照現股上漲走勢和權證發行條件，我是應該要賺到錢的，可惜最後並沒有多少

獲利入袋。

　　所以説，在舊制時，不管多會挑股，進來一樣很難賺到錢，拿多少錢進來，都像投到大海裡一樣，券商不想讓你賺，就一定賺不到。但券商倒是獲利不少，聽説券商權證交易員的年薪可以到200萬～300萬元，不過權證市場因為殺雞取卵的關係，投資人愈玩愈窮，整個市場愈做愈小，一直到連證交所跟發行商都覺得不能再這樣下去，才推動改成新制。

3-2
賺了良心錢
就別再A黑心錢

權證造市新制出來之後，券商的利潤當然就變少了，一些券商良心發現、痛改前非，改為正派經營，讓投資人可以用權證獲得合理報酬，把市場做大，雖然毛利低，還是可以獲利。

但並不是全部券商都立地成佛，不肖業者還是不少，要拆穿它們坑人手法之前，小哥先來講講券商獲利的來源有哪些，才知道它們是如何動手腳的。

券商獲利來源可分3種

券商主要賺的錢有3種：1.買、賣價差，2.時間價值，3.調整隱含波動率。前2種我稱為良心錢，但第3種就是

黑心錢。有的券商賺到前兩種就滿足，有的券商則專門賺第3種錢。

來源1》**委買委賣價差比**

　　舉例來説：某檔權證委買價0.99元、委賣價1元，這中間的價差比大概是1%（（1－0.99）／1），今天甲散戶在1元買100張，乙散戶在0.99元賣100張，因為張數相當，券商通常不用去買賣標的股票避險，就可以從中獲利1,000元。如果券商把價差拉大，委買價0.95元、委賣價1元，價差比大約是5%，同樣甲與乙各買、賣100張，則券商可以從中獲利5,000元。

　　故價差比愈小，獲利率愈低，但投資人眼睛是雪亮的，會選擇價差比小的，所以報價距離較近的券商比較可以吸引買單，使得成交量增加，就像大賣場策略一樣，毛利低，營收高，整體獲利也不錯。這是最理想的狀況。

來源2》**時間價值（Theta）**

　　Theta值的意思是每天會減少的時間價值，這個數值跟到期日有關，快到期時，Theta值較大，所以買快到期權證時，時間價值會掉很大，就是這個原因。很多券商看盤

系統都可以看到Theta值，這本來就是券商該賺的，小哥稱這值為良心錢，也是買權證的「過夜費」，就像融資利率一樣，說5%就5%，願者來借，不願者就去買現股。

當你權證套牢的時候，可以看一下Theta值，就知道你每天要付給發行券商多少過夜錢。我以台積電元大8B購26（041508）為例（詳見圖1），市價大概是3.43元（2019.08.28收盤價），每天收你0.0224元的時間價值，這樣高不高？你說1天才0.0224元，超級便宜嗎？錯，將0.0224元×365天＝8.176元，也就是說將權證擺1年，損失的價值可能是權證本身價格的2、3倍呢！

所以，還是老話一句，「時間是權證最大的敵人」。

當然我並不是怪券商過夜費收得太貴，畢竟它們背後要負擔很多風險，像是手上持有的避險現股若是無量下跌，它們就得面臨龐大損失，這裡我只是想提醒一般投資人，買權證千萬不要放長。

來源3》調降委買價的隱波率

過去券商賺最大的就是調整委買隱波率。舉例來說，某

圖1 從Theta值看出每日「過夜費」

權證代碼	權證名稱	成交價	漲跌	THETA	漲跌幅%	成交量	履約價	行使比例	剩餘天數	價內外	買買價差比%	賣賣積梯	隱含波動率%	流通在外比例%
041508	台積電元大8B購26	3.43	0.25	-0.0224	7.86	47	246.79	0.1550	93	2.11%價內	1.17	6.70	37.67	0.00
046579	台積電元大92購32	2.97	-0.39	-0.0136	-11.61	15	260.00	0.1500	183	3.08%價外	1.35	6.37	31.64	0.00
046112	台積電元大92購21	2.96	0.20	-0.0265	7.25	234	297.50	0.3300	176	15.29%價外	1.66	7.75	32.97	0.00
041962	台積電元大8C購10	2.92	0.18	-0.0209	6.57	93	254.05	0.1550	105	0.81%價外	1.68	6.97	35.89	3.33
046111	台積電元大92購20	2.92	0.18	-0.0200	6.57	248	280.00	0.2200	176	10.00%價外	1.68	7.01	32.92	0.12
042411	台積電元大91購06	2.83	0.19	-0.0183	7.20	44	266.15	0.1550	145	5.32%價外	1.06	6.37	37.27	7.53
046025	台積電元大92購18	2.82	0.18	-0.0111	6.82	75	250.00	0.1150	175	0.80%價內	1.40	5.78	32.86	0.98
041506	台積電元大8B購24	2.81	0.30	-0.0406	11.95	50	280.66	0.3100	93	10.21%價外	1.75	8.82	37.14	1.52
041963	台積電元大91購05	2.75	0.14	-0.0119	5.36	44	244.37	0.1030	138	3.12%價內	1.09	5.73	36.37	2.87

資料來源：元大權證網

檔權證履約價100元，現股現在85元，距到期日還有3個月，今大發行商權證委買委賣報價2.26～2.28元，若明天現股還是85元，券商委買委賣報價為2.23～2.25元，那少了的0.03元，就是時間價值，這是券商可以合理賺取的部分。

但若券商降隱波率1個百分點的話，會變成委買價只剩2.12元、委賣價是2.14元，這樣的比率，我還勉勉強強

可接受。

比較惡劣的券商在釋出大量權證後會將委買隱波率調低，掛單張數也變少，委買、賣價格立刻變成1.88元、2.02元，讓前一天大量買的投資人，隔天如果想賣，只能低價賣。

很多投資人看到這種價格，也不曉得自己是被券商坑了，因為賣不到好價錢，就想抱著等解套好了，但是每天的時間價值就被券商賺走，投資人還不明所以，手上權證的價值就白白蒸發了，最後難逃歸零的命運。這賺的就是我說的「黑心錢」，是券商最惡劣的手法。

號召大家揪出黑心券商

因為我喜歡出來號召大家揪出黑心券商，很多發行商會注意我的動態，如果我買進權證後，券商隔天把隱波率調降1個百分點，我會想它們也要交易成本，就像某券商副總裁曾對我說：「小哥，我們開店是要成本的，不是來做慈善事業的」；因為你大量買進後，他必須花錢去市場上買股票來避險，所以他降一點點隱波率，我還能夠體諒。

但如果降超過1個百分點的我覺得就很惡劣，但偏偏愈會降的券商就愈賺錢，而且它們不在乎信用破產，反正總有菜鳥會上勾。

現在在市場上，若投資人不要大量買進惡搞發行商的話，隱含波動率都還算穩定，像統一、元大、凱基、富邦等這幾家發行商我都覺得還可以，不過我不能保證它們未來會不會降，因為這跟它們部門主管的心態有很大的關係。所以部門主管如果有變動，想多賺錢、交出獲利績效的，就有可能用惡劣的手法，改變造市策略，變成吃人券商。

3-3
券商爛招1》
調降委買隱波率

權證要漲，一是股票要漲，二是隱波率要漲，但隱波率一直被調降的時候，除非股價的漲幅能大於隱波變動幅度，權證才會漲；券商通常無法控制股價，但可以控制波動度，到現在還有不少券商搞這套，每天給你降隱波率，而且主管機關的規範太過寬鬆，所以我才說，權證市場到現在仍然還是會有黑心發行商，因為買賣價格都是由莊家控制的。

遇到5種狀況，券商會調降隱波率

狀況1》行情不佳，券商出現大幅虧損時

大家還記得2011年初農曆春節假期回來，那一根殺了400點的大盤黑棒嗎？我發現很多券商因為自身避險部位

虧損，就調降了權證的委買隱波率，把自己的虧損轉嫁至投資人。但因調降委買隱波率，券商會不會一併調降委賣隱波率呢？當然不會，因為一降委賣隱波率，它們賣出便宜的權證，明天自己還要買回來，變成明天的風險，所以不肖的券商甚至會拉大委買委賣價差，最誇張的是拉大到證交所規定的10檔價差上限。

接下來，2011年8月股災來得又急又快，券商的造市就變得很差勁，讓小哥我很心寒，本來以為都改邪歸正的券商，又統統打回原形。這就好像你去賭場賭博，都下好離手了，然後莊家就改賠率了；你沒見過這種賭場吧？快來權證市場，保證讓你大開眼界。

所以呀，我一向建議想踏進權證市場的投資人，要多做功課，經常在行情大跌的時候，觀察這些權證的委買、委賣價格資訊，看到這種被調大價差的權證，一定要記下券商的名字，往後進場就避開這類不肖發行商，不去買它家的商品。

此外，我很想告訴那些發行商交易員，應該多充實本身投資才能，別老是想在投資人身上撈錢，撈久了，市場小

了，投資人走了，權證交易員還不是要另謀出路，這不是
兩敗俱傷？

　　尤其是在行情大跌時，你們券商賠錢，很多投資人也賠
錢呀！你們又何苦在投資人的傷口上撒鹽呢？在此不禁想
點首〈別在傷口撒鹽〉給權證新手和發行商聽聽：

別在傷口撒鹽　　作詞：鄔裕康　作曲：郭子　改編：小哥

好久不見　你瘦了一大圈　苦笑的臉忙而累
你說好權證　絕種了　賠一檔往往要賺個三五年
你拒絕再看見K線　卻總問離解套有多遠
停損平衡點　小心拿捏
狂跌的時候　想股價漲回　最後只有把錢財往外推
別讓券商在你傷口狂妄的撒鹽
一買就痛　一想靠北　賠一遍叫人老了好幾十歲
別讓券商在你傷口狂妄的撒鹽
沖掉庫存所有部位　再來一遍
那種權不值得留戀　那些權拖一天錯一天
賺錢的情歌　你聽不厭
賠錢的局面　你又躲不遠　你步步的往自由門外退
怕停損的人在股市中賠錢　你要勇敢一點點

狀況2》標的個股除權、息時

理論上，當權證的標的股票進行除權、息交易時，標的股價向下修正，履約價也會一併下修，標的股票若有填權、息行情，投資人可以直接從權證價格變動中獲得報酬，而且還可以不必付股利所得稅，這是買權證的優點之一。

但是有些不肖券商，認為投資人反正搞不清楚除權、息時，權證價格到底會如何變動，所以就偷偷在個股除權、息時，調降委買隱波率。

我舉一個2011年除權、息的例子，銘異（3060）7月6日除息4.1元，除息當天現股上漲2元（詳見圖1、圖2），但是某家券商發行的銘異權證，其委買、賣價格跟除息前一天一模一樣，都是1.2、1.21元，而且盤中的價差還拉大到5檔（詳見圖3、圖4）。所以看對銘異有填息行情的投資人，買到這檔權證，最後卻賺不到錢。

沒兌現的支票叫做芭樂票，所以我叫這種權證是「芭樂權證」，就是該賺的沒賺到。照這家券商的這種賣法，它們完全不用在現股市場避險，反正除權、息時現股漲的，

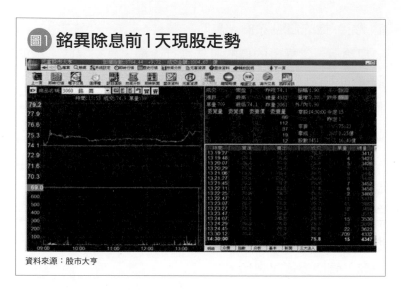

圖1 銘異除息前1天現股走勢

資料來源：股市大亨

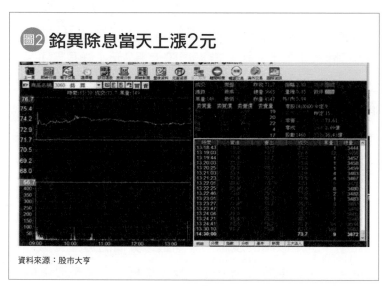

圖2 銘異除息當天上漲2元

資料來源：股市大亨

圖3 銘異某檔權證在標的個股除息前1天走勢
與委買、委賣報價

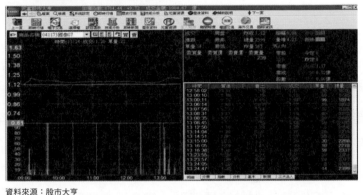

資料來源：股市大亨

圖4 銘異某檔權證除息當天的委買、委賣價
與前1天相同

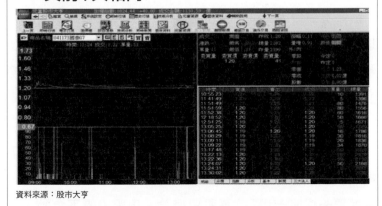

資料來源：股市大亨

它們都不用賠給買權證的投資人,如果現股除息當天漲少於3%的話,它們券商靠調降委買隱波率就包賺。

狀況3》權證突然被大量買走

看到銘異權證的例子,除了券商料想投資人不會計算權證除息變動之外,也是因為該檔權證在前一天被投資人買走了很多。我去查了資料,這檔在除息前一天超級賣(詳見表1),成交2,399張,自營商釋出1,659張。那家銘異除息前後權證報價都一樣的券商,隱含波動率由64.5%急降至56.3%,對於這種情形,證交所有罰則,不過第一次警告,第二次也才罰3萬元,但這檔不當獲利就可以達30幾萬元了,發行商當然不怕罰款。

很多券商會因為同一天大量釋出,隔天就調降隱波率,以免現股上漲一點,投資人馬上就賣回給券商,券商不但賺不到過夜費,還必須承受避險不易的損失及風險;這樣的情況經常會發生。

尤其是大咖進場時,券商會很怕,又如果標的股票是那種成交量很低的,那就雪上加霜了。假設你買2張權證,券商要去現股市場買1張股票避險,現股股價不會動,但

銘異除息前1日，國泰G7權證爆大單

代號	權證名稱	7/5 成交價（元）	7/5 成交量（張）	7/5 隱波率（%）	7/6 成交價（元）	7/6 成交量（張）	7/6 隱波率（%）	漲幅（%）	降隱波（%）
041173	國泰G7	1.2	2,399	64.5	1.22	2,182	56.3	1.7	-8.2
041139	群益HI	0.9	1,197	71.5	0.96	874	69.6	6.7	-1.9
041168	45寶來	0.76	1,191	69.9	0.83	1,374	69.4	9.2	-0.5
040968	國泰F7	0.67	404	65.4	0.72	109	63.3	7.5	-2.1
040254	日盛69	0.77	335	68.7	0.83	393	66.8	7.8	-1.9
041098	A3永豐	0.35	201	73.3	0.37	432	71.5	5.7	-1.9
039068	元大5P	0.62	191	62.1	0.69	880	61.2	11.3	-0.9

註：此表列出2011.07.05銘異權證成交量大的前7檔；由於上述權證皆已到期，故代號、名稱等皆已無法在各券商系統中搜尋到

資料來源：群益權證達人寶典

你買1,000張權證，券商去買500張現股，比較小型的股票大概已經漲了半根停板，你手上的權證價值跟著上漲。等到大咖撤退賣出權證時，券商又要急著賣股，根本是疲於奔命，很難全身而退。

　　降隱波率會給投資人多大損失？小哥列出按權證計算器的結果（詳見表2、表3），可看出價外30%的每降1%，資金至少損失2%～22%；價外20%的每降1%，資金至少損失2%～12%，這些都是發行商的不當獲利來源。

表2 現股標的價70元、履約價100元權證為例,每降1%

權證價(元)	每降1%折損	標的價(元)	履約價(元)	到期日(天)	隱波率(%)
4.71	—	70	100	90	90
4.59	-2.6%	70	100	90	89
4.47	-2.6%	70	100	90	88
4.35	-2.7%	70	100	90	87
4.24	-2.7%	70	100	90	86
4.12	-2.8%	70	100	90	85
4.00	-2.8%	70	100	90	84
3.89	-2.9%	70	100	90	83
3.77	-2.9%	70	100	90	82
3.66	-3.0%	70	100	90	81
3.55	-3.1%	70	100	90	80
3.43	-3.2%	70	100	90	79
3.32	-3.2%	70	100	90	78
3.21	-3.3%	70	100	90	77
3.11	-3.4%	70	100	90	76
3.00	-3.5%	70	100	90	75
2.89	-3.5%	70	100	90	74
2.79	-3.6%	70	100	90	73
2.68	-3.7%	70	100	90	72
2.58	-3.8%	70	100	90	71
2.48	-3.9%	70	100	90	70
2.38	-4.0%	70	100	90	69
2.28	-4.1%	70	100	90	68
2.18	-4.3%	70	100	90	67
2.09	-4.4%	70	100	90	66
1.99	-4.5%	70	100	90	65
1.90	-4.6%	70	100	90	64
1.81	-4.8%	70	100	90	63
1.72	-4.9%	70	100	90	62
1.63	-5.1%	70	100	90	61
1.55	-5.3%	70	100	90	60

隱波率，權證價值折損約2%～22%

權證價（元）	每降1%折損	標的價（元）	履約價（元）	到期日（天）	隱波率（%）
1.46	-5.4%	70	100	90	59
1.38	-5.6%	70	100	90	58
1.30	-5.8%	70	100	90	57
1.22	-6.0%	70	100	90	56
1.15	-6.2%	70	100	90	55
1.07	-6.5%	70	100	90	54
1.00	-6.7%	70	100	90	53
0.93	-7.0%	70	100	90	52
0.86	-7.2%	70	100	90	51
0.80	-7.5%	70	100	90	50
0.74	-7.8%	70	100	90	49
0.68	-8.2%	70	100	90	48
0.62	-8.5%	70	100	90	47
0.56	-8.9%	70	100	90	46
0.51	-9.3%	70	100	90	45
0.46	-9.8%	70	100	90	44
0.41	-10.2%	70	100	90	43
0.37	-10.8%	70	100	90	42
0.33	-11.3%	70	100	90	41
0.29	-11.9%	70	100	90	40
0.25	-12.6%	70	100	90	39
0.22	-13.3%	70	100	90	38
0.19	-14.0%	70	100	90	37
0.16	-14.9%	70	100	90	36
0.13	-15.8%	70	100	90	35
0.11	-16.8%	70	100	90	34
0.09	-17.9%	70	100	90	33
0.07	-19.1%	70	100	90	32
0.06	-20.4%	70	100	90	31
0.05	-21.9%	70	100	90	30

表3 現股標的價80元、履約價100元，價外20%為例，

權證價（元）	每降1%折損	標的價（元）	履約價（元）	到期日（天）	隱波率（%）
8.21	—	80	100	90	90
8.05	-1.9%	80	100	90	89
7.90	-1.9%	80	100	90	88
7.74	-2.0%	80	100	90	87
7.59	-2.0%	80	100	90	86
7.44	-2.0%	80	100	90	85
7.28	-2.1%	80	100	90	84
7.13	-2.1%	80	100	90	83
6.98	-2.1%	80	100	90	82
6.83	-2.2%	80	100	90	81
6.68	-2.2%	80	100	90	80
6.52	-2.3%	80	100	90	79
6.37	-2.3%	80	100	90	78
6.22	-2.4%	80	100	90	77
6.07	-2.4%	80	100	90	76
5.93	-2.5%	80	100	90	75
5.78	-2.5%	80	100	90	74
5.63	-2.6%	80	100	90	73
5.48	-2.6%	80	100	90	72
5.33	-2.7%	80	100	90	71
5.19	-2.7%	80	100	90	70
5.04	-2.8%	80	100	90	69
4.90	-2.9%	80	100	90	68
4.75	-2.9%	80	100	90	67
4.61	-3.0%	80	100	90	66
4.47	-3.1%	80	100	90	65
4.33	-3.2%	80	100	90	64
4.19	-3.2%	80	100	90	63
4.05	-3.3%	80	100	90	62
3.91	-3.4%	80	100	90	61
3.77	-3.5%	80	100	90	60

每降1%隱波率，權證價值折損約2%～12%

權證價（元）	每降1%折損	標的價（元）	履約價（元）	到期日（天）	隱波率（%）
3.64	-3.6%	80	100	90	59
3.50	-3.7%	80	100	90	58
3.37	-3.8%	80	100	90	57
3.23	-3.9%	80	100	90	56
3.10	-4.1%	80	100	90	55
2.97	-4.2%	80	100	90	54
2.84	-4.3%	80	100	90	53
2.71	-4.5%	80	100	90	52
2.59	-4.6%	80	100	90	51
2.46	-4.8%	80	100	90	50
2.34	-5.0%	80	100	90	49
2.22	-5.2%	80	100	90	48
2.10	-5.3%	80	100	90	47
1.99	-5.6%	80	100	90	46
1.87	-5.8%	80	100	90	45
1.76	-6.0%	80	100	90	44
1.65	-6.3%	80	100	90	43
1.54	-6.5%	80	100	90	42
1.44	-6.8%	80	100	90	41
1.33	-7.2%	80	100	90	40
1.23	-7.5%	80	100	90	39
1.14	-7.9%	80	100	90	38
1.04	-8.3%	80	100	90	37
0.95	-8.7%	80	100	90	36
0.86	-9.2%	80	100	90	35
0.78	-9.7%	80	100	90	34
0.70	-10.3%	80	100	90	33
0.62	-10.9%	80	100	90	32
0.55	-11.6%	80	100	90	31
0.48	-12.3%	80	100	90	30

狀況4》價內調降、價外調升

有某家券商則是把價內降隱波率寫到程式裡,我個人覺得滿誇張的;不過好處是價外會升隱波率,券商這樣做的目的是,讓你賺錢也賺不了那麼多,賠錢也賠不了那麼多。比如說你賺500元,券商要抽150元,比別家券商抽100元多一點。所以這家券商的營收沒有很高,但獲利率很高。

有時在盤中仔細觀察它家權證,會出現現股漲、權證跌,但現股跌,權證反而漲的情況,甚為奇妙。我有次還特別打電話問這家券商的服務專線,他說它們交易員沒動過參數,原來程式早就設計好了,這種做法比私下調整還可以接受點。

狀況5》無時無刻,發行商愛降就降

為什麼我說任何時候券商都有可能調降隱波率呢?像是國巨(2327)2011年4月傳出要被邀睿公司以每股16.1元公開收購,消息一傳出,「○泰」和「○銀」兩家券商就立刻降隱波率,它們認為國巨股價的天花板就是16.1元,已經沒有前景,而降隱波率就讓投資人立刻賠錢。

降國巨權證隱波率還算有個「事由」，另外還有一些券商是隨時隨地、無時無刻都在降隱波率的，我舉兩個例子給大家看：

無良案例1》盤中就給你降

時間2010年3月5日，標的股票宏全（9939），權證代碼05551（當時認購權證代碼有5碼或6碼，此權證已到期下市）。來看一下股票的3個時間點：開盤、中午及收盤，股票價格都在55元完全沒動，但當天權證早盤是0.54元上下，到中午掉到0.46元（詳見圖5），尾盤更殺到0.43元。

超恐怖，這檔在外流通張數有700多張，所以在現股股價沒動的情況下，券商平白無故多賺了8萬多元。

這檔權證，我在部落格上把它寫出來，這個交易員竟然回嗆我：這個人（指小哥本人我）觀念真奇怪，隱含波動率哪有固定的，當然會下降。我就回，你這樣一調就賺8萬多，當然希望隱波率不要固定，任你們調整就好。

其實，在網路上Po文，經常會遇到交易員的攻擊，不用

怕，再反擊回去就好。

無良案例2》每天給你降一點

仔細研究圖6，左邊第2欄是現貨的收盤價，第3欄是權證收盤價，右邊數來第2欄是隱含波動率。如果你是在2009年2月5日買進，2月16日賣出，短短幾天，現股只跌了0.78%，權證就少了28%，但這檔權證距到期日還有2個多月，時間價值不應該減損得這麼快，權證價值減少，就是因為券商降隱波率的關係。

你可以往更之前的日期看，隱波率開賣時很高，每天都下滑一點點的結果，就是權證的價格也跟著一路跌。

一味追求低隱波率，被坑也沒轍

教科書上常教你「買權證要選低隱波率的好」，在券商不會調動隱波率的前提下，這句話是成立的，但台灣權證市場太險惡，很多爛券商故意發行低隱波率權證，引誘你上勾。

所以你在買進一檔權證時，要注意這權證的發行券商的委買隱波率到底穩不穩定，它的品行和歷史紀錄是不是優良，

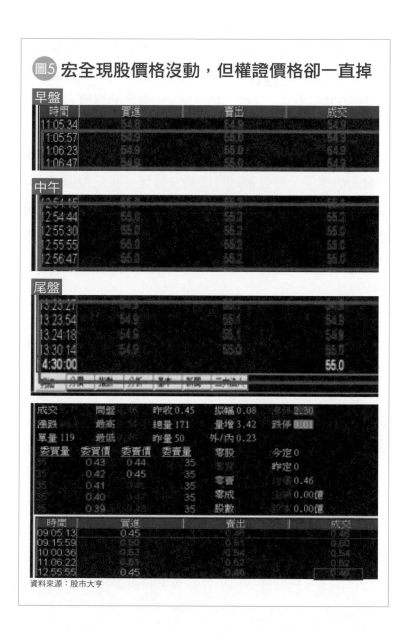

圖5 宏全現股價格沒動，但權證價格卻一直掉

資料來源：股市大亨

要選那種委買隱波率比較固定，或是每天只小降一點點，才是對投資人真正有利的。穩定的隱含波動率，可以讓權證持有者，在標的股票上漲時，獲得預期中應得的報酬。

我自己也有很多被低隱波率所吸引，因而進場買到爛券商權證的例子，最後都是該賺的沒賺到。我記得2010年5月底，我到日月潭度假，一面欣賞湖光山色，一邊玩權證。因為預期台股接下來會有一個像樣的反彈波段，我看到一檔隱波率很低、只賣20%的指數型權證，早盤就進場買。

在9點23分前，大盤指數都還維持80、90餘點的漲點，沒想到這檔權證的價格卻從開盤的1.53元急遽滑落到1.43元，跌幅超過6%，到9點23分之後，大盤上漲超過100點了，權證價格才往上走。

收盤時，大盤指數是上漲52點、漲幅0.72%，但這檔權證卻下跌1.39%、收在1.42元的低點。隔天，我很不爽的小賺一點走人，如果它不降隱波率的話，我可以賺更多。不過遇到這家爛券商，我數次打電話去都沒用，實在拿它沒法度，只能怪自己被低隱波率吸引上勾。

圖⑥ 券商偷偷降隱波，權證價值驟減

日期	收盤價	收盤價	剩下天	隱含波動	自營買賣超	日期	收盤價	收盤價	剩下天	隱含波動	自營買賣超
2009/2/16	6.32	0.43	71	0.43	88	2008/12/17	7.16	1.44	132	0.62	-1,163
2009/2/13	6.34	0.46	74	0.44	-55	2008/12/16	7.16	1.46	133	0.63	-28
2009/2/12	6.2	0.42	75	0.46	267	2008/12/15	7.29	1.54	134	0.62	-457
2009/2/11	6.3	0.46	76	0.45	1,812	2008/12/12	7.05	1.37	137	0.61	-166
2009/2/10	6.4	0.51	77	0.44	-47	2008/12/11	7.26	1.51	138	0.61	132
2009/2/9	6.34	0.52	78	0.48	-15	2008/12/10	7.57	1.64	139	0.54	697
2009/2/6	6.37	0.55	81	0.48	730	2008/12/9	7.2	1.42	140	0.57	193
2009/2/5	6.37	0.6	82	0.52	120	2008/12/8	6.75	1.32	141	0.69	-149
2009/2/4	6.43	0.6	83	0.48	-80	2008/12/5	6.31	0.98	144	0.64	-127
2009				0.43	305	2008/12/4	6.4	1.04	145	0.64	-314
2009				0.45	514	2008/12/3	6.6	1.13	146	0.62	14
2009				0.45	-83	2008/12/2	6.64	1.18	147	0.63	-102
2009				0.50	-51	2008/12/1	6.95	1.34	148	0.61	-475
2009				0.49	-30	2008/11/28	6.6	1.15	151	0.62	284
2009				0.49	-2	2008/11/27	6.56	1.1	152	0.60	998
2009				0.48	-109	2008/11/26	6.14	0.85	153	0.59	268
2009				0.48	-144	2008/11/25	5.86	0.7	154	0.59	-170
2009				0.50	6	2008/11/24	5.6	0.61	155	0.61	-38
2009/1/13	6.93	0.90	105	0.47	32	2008/11/21	5.7	0.69	158	0.63	-275
2009/1/12	6.91	0.96	106	0.48	11	2008/11/20	5.64	0.66	159	0.62	12
2009/1/10	6.99	1.05	108	0.49	257	2008/11/19	5.93	0.79	160	0.61	-374
2009/1/9	7.02	1.07	109	0.49	106	2008/11/18	5.65	0.67	161	0.62	-123
2009/1/8	7.06	1.1	110	0.49	117	2008/11/14	5.81	0.77	162	0.63	-488
2009/1/7	7.18	1.22	111	0.52	-493	2008/11/13	5.74	0.76	165	0.64	-107
2009/1/6	7.15	1.17	112	0.49	-153	2008/11/13	5.6	0.65	166	0.61	-165
2009/1/5	7.1	1.24	113	0.56	-227	2008/11/11	5.98	0.88	167	0.64	-94
2008/12/31	7.02	1.19	118	0.56	-148	2008/11/11	5.98	0.9	168	0.65	-277
2008/12/30	7.13	1.25	119	0.54	252	2008/11/7	6.42	1.13	169	0.63	-125
2008/12/29	6.75	1	120	0.54	-99	2008/11/7	6.35	1.08	172	0.62	-258
2008/12/26	6.75	1.02	123	0.55	-58	2008/11/6	6.33	1	173	0.58	23
2008/12/25	6.78	1.08	124	0.57	91	2008/11/5	6.8	1.33	174	0.60	-111
2008/12/24	6.85	1.14	125	0.58	-443	2008/11/4	6.63	1.25	175	0.62	-1
2008/12/23	6.61	0.99	126	0.57	-339	2008/11/3	6.8	1.46	176	0.67	-165
2008/12/22	6.89	1.19	127	0.59	178	2008/10/31	6.47	1.29	179	0.69	-158
2008/12/19	7.27	1.48	130	0.60	-180	2008/10/30	6.05	1.05	180	0.69	-140
2008/12/18	7.2	1.4	131	0.58	-5	2008/10/29	5.66	0.83	181	0.68	13,975

是在2009年2月5日買進，2月16日賣出，短短幾天，現股只跌了0.78%，權證就少了28%

資料來源：寶來孫悟空

　　有幾家不肖券商專門幹這種事，就如同我在前面提到這種券商的SOP：報價漂亮，吸引顧客上門，大量釋出後，不但降委買隱波率，還拉大價差困住投資人。

　　所以，選擇發行商時，一定要多觀察發行商的委買隱波率是否穩定。

時隔1年一樣的第一，跟半年後就差很多的第一

度過了百年國慶後一天，晚間小哥在做股票功課之餘，開著電視聽著，時尚界對當時的第一夫人的服裝頗有微詞，小哥卻很肯定酷酷嫂的勤儉持家理念，同件衣服只要好看，隔個一年再穿一次有何不可？這說明了酷酷嫂儉樸之風始終如一。

同樣都是第一，權證界也有個「第一」發行商，針對這家發行商的造市行為，卻跟第一夫人差很多，因為買賣前後差很大呀！小哥覺得有義務告訴投資人風險在哪，希望投資人在買進權證之時，能多了解發行商的造市邏輯。

這裡再複習一次，權證貴不貴要看隱波率；發行商回收價合不合理，也是看隱波率。委買隱波率愈低，代表發行商回收的金額愈低。請發行商有種也把委賣隱波率降低，讓大家拼拼看結算，但是通常都不是這樣，各家皆有不同手法，這裡挑出第一的「LV5檔」跟「LP5檔」權證給大家看。

LV5檔，資料日期：2011年10月11日，剛發行時委

買隱波率都是全市場最高，價差比很低。

LV第1檔，標的聯成（1313），委買隱波率87%，同業委買隱波率約在50%，全市場最高。報價是0.74元～0.76元，價差2檔，對外釋出0張。

LV第2檔，標的宏普（2536），委買隱波率98%，同業委買隱波率約在55%，全市場最高。報價是0.61元～0.62元，價差1檔，對外釋出0張。

LV第3檔，標的厚生（2107），委買隱波率87%，同業委買隱波率約在47%，全市場最高。報價是0.74元～0.75元，價差1檔，對外釋出0張。

LV第4檔，標的應華（5392），委買隱波率104%，同業委買隱波率約在85%，全市場最高。報價是0.9元～0.91元，價差1檔，對外釋出0張。

LV第5檔，標的應華，委買隱波率95%，同業委買隱波率約在60%，全市場最高。報價是0.69元～0.7元，價差1檔，對外釋出0張。

再看看賣出一段時間後，對外釋出逾百張的報價情形，就是LP5檔，委買隱波率為全市場最低，價差超大。

LP第1檔，標的中鋼（2002），委買隱波率16%，全市場最低。報價0.18元～0.27元，價差9檔，對外釋出128張。

LP第2檔，標的三陽工業（2206），委買隱波率33%，全市場最低。報價是0.18元～0.28元，價差10檔，對外釋出1,014張。

LP第3檔，標的聯發科（2454），委買隱波率19%，全市場最低。報價是0.24元～0.46元，價差超過10檔，對外釋出363張。

LP第4檔，標的嘉泥（1103），委買隱波率21%，全市場最低。報價是0.02元～0.09元，價差7檔，不過這檔的委買0.02元應該是散戶掛的單，也就是發行商的委買隱波率甚至比21%還低，對外釋出256張。

LP第5檔，標的特力（2908），委買隱波率22%，全

市場最低。報價0.04元～0.14元，價差10檔，對外釋出262張。

以上例子是說，在第一剛發行權證中，報價是權證界的LV，等到過一段時間，對外釋出權證後，委買價像是LP，我沒說髒話，我是說像路邊（LP）攤的價值，針對這種行為，小哥有致電證交所與發行商，答案是一切都合法。

證交所規定1週不能降超過4個百分點，權證存續期6個月有26週，所以剛發行時委買隱波率104%，每週降4個百分點，可以降到最後一週降成0，這樣也合法，小哥只能說，籌碼都在發行商手上，發行商要怎樣玩，小哥沒話說，小哥只能公諸於世，希望投資人能多慎選發行商（詳見表4）！這個案例是2011年發生的，因為當時它們換新主管的關係，以後又換了主管，也許就不會發生了。在此我點一首〈說好的隱波呢〉給發行商聽，希望發行商能善待它們的衣食父母，也就是廣大的萬萬權民們。

遇黑心券商，打電話質問別客氣

我一向是遇到黑心券商就拿起電話，打去問交易員，有

表4 認購（售）權證發行人聯絡資料

代號	權證發行人名稱	公司電話	發行人網址
1160	日盛證券股份有限公司	02-2504-8888	warrant.jihsun.com.tw/index.jsp
1260	宏遠證券股份有限公司	02-2700-8899	www.honsec.com.tw
1360	香港商麥格理資本股份有限公司	02-2734-7500	www.buywarrant.com.tw
2180	亞東證券股份有限公司	02-2361-8600	www.osc.com.tw
5380	第一金證券股份有限公司	02-2563-6262	www.firstsec.com.tw
5850	統一綜合證券股份有限公司	02-2747-8266	warrant.pscnet.com.tw/
5920	元富證券股份有限公司	02-2325-5818	iwarrant.masterlink.com.tw/warrant2013/index.jsp
6160	中國信託綜合證券股份有限公司	02-6639-2000	www.win168.com.tw
7000	兆豐證券股份有限公司	02-2327-8988	www.megasec.com.tw
7790	國票綜合證券股份有限公司	02-2528-8988	www.ibfs.com.tw

資料來源：台灣證券交易所　　資料日期：2019.08.26

時券商會回答我：「因為現股變得比較牛，波動率下降，所以只好跟著調降隱波率。」我回問他：「那若個股波動度變大，你會不會跟著升隱波率？」他回答：「不會。」

代號	權證發行人名稱	公司電話	發行人網址
8150	台新綜合證券股份有限公司	02-2181-5888	www.tssco.com.tw
8450	康和綜合證券股份有限公司	02-8787-1888	warrant.concords.com.tw/
8840	玉山綜合證券股份有限公司	02-5556-1313	www.esunsec.com.tw/
8880	國泰綜合證券股份有限公司	02-2326-9888	warrant.cathaysec.com.tw
9100	群益金鼎證券股份有限公司	02-8789-8888	warrant.capital.com.tw
9200	凱基證券股份有限公司	02-2181-8888	warrant.kgi.com
9300	華南永昌綜合證券股份有限公司	02-2545-6888	www.entrust.com.tw/
9600	富邦綜合證券股份有限公司	02-8771-6888	warrants.fbs.com.tw/
9800	元大證券股份有限公司	02-2718-1234	www.warrantwin.com.tw/
9A00	永豐金證券股份有限公司	02-2311-4345	www.sinotrade.com.tw/

非常直接，為什麼不會呢？很簡單，因為調降隱波率他就賺錢啦，幹嘛還要調升？調升的話變成你賺他沒賺。還有一次我打電話到某券商說：「你們某檔權證委買隱波率怎

麼降這麼凶？」他們回答：「沒辦法，每個交易員有他的個性在。」我買你們家的權證還要看交易員個性喔？每家券商應該要有一致性才是呀！

此外，很多券商的答案則是「我們一切依法辦理」。我知道一切都是依法，但觀感不好呀！只要投資人觀感差，就不會想再買權證，券商為了吸引投資人買權證，常花大錢辦比賽、辦說明會，但100次權證說明會比不上一檔權證的凌虐。

當我在權證市場漸漸小有名氣之後，覺得講話要很小心，因為券商都隨時注意我的動向，哪天我去買它家權證，很容易就被修理。所以我打給券商的時候會先說：「我都私底下跟你講喔，我沒有說出來喔！」對方也會說：「好啦，不要寫在部落格上啦！一寫出來就撕破臉。」

現在，有些特低等、極惡劣券商的電話我已經不打了，因為打去他還會跟你「拷西（挖苦）」。

說好的隱波呢（改編自周杰倫──說好的幸福呢）

作詞：方文山　作曲：周杰倫　改編：小哥

妳的報價拉開了　在這個時刻
我想起昨天的五檔兒　夾著很緊呢
情緒莫名的拉扯　我買一堆呢
而妳二二六六布單著　假作沒事了

時間過了　走了　買賣面臨選擇
價開了　跌了　我哭了
一開始的隱波呢　發行文件細寫著
有些單只下到這　真的痛了

怎麼了　價跌了　說好的　隱波呢
我懂了　不買了　後悔了　錢遠了
開心與不開心　一一細數著　降隱波了
那些被坑的感覺都太深刻　我都還記得
價差大了　說好的　隱波呢
我錯了　淚乾了　賠錢了　後悔了
只是一拖拉庫的權證還在抱著　要怎麼出呢

3-4
券商爛招2》
拉大價差比

券商獲利來源之一就是買、賣單之間的價差,所以價差比愈大的,券商賺愈大。證交所目前規定券商造市單的價差比不能超過10檔,就是10個Tick。對投資人來說,價差比愈小愈好,因為你從券商那裡買來,多數時候是賣回給券商,所以價差就是你要算進去的交易成本。

如果現在有兩檔權證的標的股票都一樣,因為行使比例的關係,一檔的委買委賣價是0.14:0.16,一檔是1.4:1.5,前者差2檔,後者差10檔,說實話都不好,但一定要,應該要選哪一檔?

建議用「除」的來算「價差比」,就是用委買價與委賣價的比值,不要單用中間差幾檔來感覺,用價差比會比較

圖1 價差比超大的掛單

五 檔	分時明細	歷史明細	價量統計	技術分析

委買		委賣	
55	6.25	6.70	10
61	6.20	6.75	90
76	6.15	6.80	62
95	6.10	6.85	63
80	6.05	6.90	67

資料來源：元富iStock

精準，所以拿這兩檔權證來看，以後者較好。有些付費看盤軟體，會提供「價差比」這個數字，愈接近1的、代表委賣價與委買價差得愈小，就是比較好的權證。

此外，你知道哪個價位的權證價差比會最小嗎？4.99元和5元的權證價差比最小，因為算出來價差比是0.998。所以最好的權證都出現在3、4元的，比較專業的投資人最喜歡的權證就是在這個價位之間的。

我們先來看一個價差比超級誇張的造市掛單（詳見圖1），你根本不用問權證的發行條件，什麼Theta值多少，你光看它的委買、賣價掛單相差9檔，價差比公式是（委

賣價－委買價）÷委賣價，也就是（6.7－6.25）÷6.7 ＝6.71%。我再告訴你，這檔權證的內含價已經有6.6 元了，券商的委買單還只掛在6.25元，讓你覺得更誇張 吧！遇到這種情況，只有拿起電話一途，抗議去啦！

大咖進場，價差就掉

良心券商的特色是不會降委買隱波率，委買、賣價差很 穩定，隨著標的股票價格跳動而跳動，掛單量也充足。

黑心券商是任何時候都可能降委買隱波率，委買、賣價 差不穩定，有時價差拉得超大，掛單量也很小氣。

還有一些是介於兩者之間，你説它黑心倒也不完全是， 但偶爾見大咖進場，就會拉大價差。像某家券商，不太會 降委買隱波率，但有時買完它掛出一盤100多張，價差就 變2檔，可能因為避險成本關係吧！

此外，當標的股票的價格震盪太大，券商也可能拉大 價差比。像宏碁（2353）突然在2011年中宣布策略失 誤，要大打筆電存貨損失，造成股價連連跌停，很多檔宏

碁權證的委買、賣價差就拉得很大。此時投資人如果想要低接宏碁權證搶賺反彈，操作難度會增加很多，而且易買難賣，這時候砸太多錢下去的就很難獲利了。

好券商盡量維持公平的環境，不好的券商就不那麼公平。大券商想要吃掉小券商，而小券商想吃投資人，就用低價的策略去吸引資金，比如說很多家服飾店，你是小攤販，又沒什麼特色，只好降價求售，雖然可以吸引到一些買客，但因為價格壓得太低，沒什麼利潤，你只好用更低價的方法去回收。你被低隱波吸引進來，最後會發現你出場時價格更低！

牛熊證沒隱波率困擾，但價差比大

台灣在2011年上市的牛熊證，因為沒有隱波率的變動因素，券商沒辦法用調降隱波率來獲利，所以券商掛出的委買、賣價差會比一般權證來得大，因為利潤要從這裡擠出來。

在牛熊證還沒上路前，我原本以為它的交易成本會大於股票，因為這樣券商才會有利潤，但小部分的牛熊證掛牌

前幾個月,算起來有些的交易成本是比股票小一點,但牛熊證有上下限價,當一觸及界限價而必須結算時,就把你原先付的利息一次拿走。

而若把牛熊證與一般權證來比,一般權證的交易成本約在千分之2～4,比牛熊證的交易成本來得低;但若從時間價值來看,一般權證又比牛熊證來得高,所以如果你要放很短線的,比如2到3天,買權證比買牛熊證來得好;如果是要放2個星期左右,那可以考慮牛熊證。

雖說牛熊證沒有被券商調降委買隱波率的困擾,但卻會出現價差比變大的問題,盤中想賣的話,萬一買到一個爛券商的造市單,又上演降委買價、拉價差的黑心戲碼,所以投資牛熊證還是得選擇優良券商。

牛熊證的價差比較大,我都會去計算股票必須漲多少才可以獲利,如果超過0.58%,代表交易成本高於股票,但股票流通性較好,就沒有必要買牛熊證。

但這計算是指買進跟賣出剛好在同一個價位,以實務來看,你通常會買到外盤價,股票價格每跳動一檔

註1:證交所規定,股票升降單位有6個級距,與權證不同,未滿10元為0.01元、10元至50元為0.05元、50元至100元為0.1元、100元至500元為0.5元、500元至1,000元為1元、1,000元以上為5元。

（Tick），若是10元的股票，根據證交所規定，每一檔是0.05元（詳見註1），也就是說，你還要再加千分之5的成本，如果是13元的股票，那多加一檔就是13.05元，這個多加的交易成本就大概是千分之3.8左右，再加上必要的千分之5.8，也就是說，買賣股票一次，若要想獲利的話，大概價差要有千分之9，所以買牛熊證是比股票划算一點。

你看元牛08中華電的牛證，股票漲0.25%時就可以獲利，如果你想要買中華電，而且不準備放長的話就要來買這一檔，這牛證非常好，比融資好，比做丙（詳見註2）好，若拿來跟其他權證比較的話，如果券商報價好的話，比其他權證還差一點，因為其他權證交易成本可能只有0.1%多，但要注意，一般中華電的權證波動都低，進去很容易卡住，你就被賺時間價值。

就時間價值來看，牛熊證是比權證低，如果用交易成本來看的話，好的權證是比牛熊證低。

牛熊證券商主要賺取財務費用（就是一般說的利息費），財務費用的算法是：

註2：證金公司有經紀商和自營商兩種，前者稱為甲種，後者稱為乙種；因此市場習慣將私人的、民間的股票墊款金主，稱為丙種金主。向丙種金主借款，通常必須將買進的股票質押給金主。

券商的財務費用＝報買價－內含價值

如果到期履約，這個財務費用是到期一次全拿，比如說之前有一檔掛牌4天就提前到期的，你買的時候先付財務費用就被券商一次拿走，這樣就很恐怖了。

一個成熟、參與度夠大的市場，發行權證的券商就不需要避險，因為同時間有人用外盤買、用內盤賣。不過，這需要很多人和資金在這個市場裡，就像職棒簽賭，兩邊都有人賭，他就只要從中抽組頭費，不用冒風險。雖然現在牛熊證的交易量比權證少，但我認為以後應該會不錯。

先回到目前的現況，現在買賣狀況沒有這麼完美，券商的價差會拉大，而且要去現股市場買、賣股票來避險，一旦有賣股票，就要繳交易稅，所以券商在發行這個商品時，就已創造很多交易稅出來。所以券商公會不斷爭取權證避險的交易稅免繳或減半，目前草案為券商的權證避險單，交易稅將由千分之3降到千分之1（截至2019.09），權證的報價應會愈來愈漂亮，我相信當沖客、墊丙的都會進來權證市場，都不用去跟人家借錢，因

為輸了就輸了，可以馬上砍掉出場，墊丙的話，跌停鎖死了出不去，你還不出錢，金主大概會拿刀子把你架到山上去。

鎖單套利讓券商疲於奔命

有個專門做權證的大客戶，他的絕技之一是「鎖單技巧」，就是選價差很小、報價很「緊」的權證，低檔買認購、高檔買認售，標的股票為同一檔，可以是同券商發行，也可以是不同券商發行的，做套利賺錢，獲利很好。

我個人覺得這樣的做法是有點吃券商豆腐，今天券商把價差弄小，是希望客戶進來玩，看對就能賺。但做套利的話，你一下買、一下賣，券商為了避險，也只好到現貨市場上，一下買、一下賣，來來回回，不僅行政管理成本大增，也要多付出不少的交易稅。我相信這位大戶還是能夠一路賺下去，不過現在有些發行商也會針對他，發現他進來買就降隱波率或拉大價差。

我自己沒做這種套利策略，考量到券商這樣避險不容易。我會體諒它們也要賺錢，可能它的避險成本，等於你

放5個晚上的時間價值，如果你今天買、明天賣，它根本沒辦法賺，就會降你隱波率。所以券商怕投資人抱太短，投資人怕券商降隱波。

我比較看好的權證，通常會抱久一點；現股沒有轉壞的跡象，我就會抱，大家互蒙其利比較好，因為券商賺它該賺的合理價差、時間價值，我賺我看對了股票應賺的錢。若大家都一直沖來沖去，券商賺不到良心錢，只好去賺黑心錢，這樣就變成惡性循環。

我一直希望這是個大家都變好的市場，投資人不要沖得太凶，還是要看遠一點，可以的時候就讓券商賺一點時間價值。

Note

3-5
券商爛招3》
低價權的陷阱

||||||||||||||||||||||||||||||||||||||||||||||||||||||||||||||||||||||||||||||||||||||||||||||||||||||||||||||||||||||||||||||

曾 經在報紙上看到,某財經教授教導學生買權證的技巧,裡面提到權證乃以小搏大,故不建議買高價權證,建議買低價權來享受權證的樂透效果,我看了頭都暈了,連教授都有這種迷思,難怪發行商發行低價權發得很開心。很多人誤以為低價權就是樂透權,其實,剛發行的低價權真的是樂透權,只不過,樂透的是發行商,而不是散戶。

低價權會鎖住散戶的錢

舉例來説,權證發行時,得按照標的股價、履約價、隱含波動率、到期日、行使比例來定價格,假設A券商跟B券商在履約價、隱含波動率、到期日條件都一樣時,發

行一檔標的是台積電（2330）的權證，但A券商行使比例為1，發行價4元，B券商行使比例為0.1，發行價0.6元，那到底誰賣得比較便宜？

這就像去大賣場買一斤蛋40元，雜貨店一顆蛋6元，40元的不比6元貴；相反的，40元算是很便宜，因為它有10顆蛋，平均每顆蛋4元。

撇開發行價格不說，低價權的陷阱在價位跳動時，讓你不知不覺被占了便宜，因為權證市場的流動性問題，經常是必須買外盤價、賣內盤價。舉例來說，1檔權證的委買價0.1元、委賣價0.11元，投資人以外盤價0.11元買進，等個股上漲後，權證報價來到委買0.11元、委賣0.12元，投資人這時也只能用0.11元的內盤價賣出，一買一賣，都在同一價位，完全沒賺錢，還賠了手續費跟交易稅。

因此，這樣的低價權，不但沒讓投資人享受到個股大漲帶動權證飆漲的快感，反而因為不容易出現可以賺錢的價格，而被迫一直長期持有這檔權證，那麼發行商的陰謀就達成了，發行商最愛投資人把權證當股票抱，因為抱得愈

久，發行商的時間價值領得愈多，期間的利率可比18%高出好幾倍。

我們可以舉1檔權證來看，圖1兩張圖分別是標的股票信昌電（6173）及某檔信昌電權證（已下市）的走勢。這檔權證掛牌價格雖然高於0.6元，但一開始賣沒多久，就掉到0.4元，再跌個幾天之後，剩下0.1、0.2元，很多投資人看這檔權證這麼便宜、距離到期日也很遠，就進來買，反正權證特性就是「以小搏大」，但進來後發現，容易買卻不容易賣，即使信昌電後來大反彈，但權證卻一蹶不振，到結算後就歸零了。

所以你買股票被套牢可以放著等解套，但買權證要解套很困難。這個例子的教訓就是，行使比例低的權證，表面上看起來很便宜，但是很容易讓你套牢。

所以，低價權像是一把鎖，會鎖住資金，讓投資人的績效很差，在此點首蔡琴的老歌〈情鎖〉（小哥我改編為：〈權鎖〉）給投資人，請別購買剛發行的低價權證，除非它是快到期的權證，價格變很低，槓桿變很高，你才可以當作賭樂透一樣去玩。

圖1 信昌電即使股價反彈，權證仍一蹶不振

信昌電股價走勢圖

某檔信昌電權證走勢圖

資料來源：元富iStock

證交所的規定，只防君子不防小人

市場有家券商專門發行低價權，不但不考慮提供完整的產品線，清一色都是低行使比例的低價權，它們的平均發行價格也比一般同業低很多。雖然這家券商不太會調降委買隱波率，掛單、補單量也還不錯，但是我覺得全發低價權對投資人就是不利。

因為這類的權證價格反應會比較慢，且「價差比」大，就容易困住投資人，不過這家券商算是真小人啦！擺明了行使比例就是這樣，你要就來買，比一些偽君子好一點。平常我不太買它們家的權證，只有辦權證競賽時，我才會進場買，但挑權證時必須戰戰兢兢，才能賺得到錢。

話說，證交所也不是都放任券商不管、沒有保護投資人的喔！證交所有規定每檔權證的發行價至少要在0.6元（含）以上，委買、委賣的報價差距最多10檔。

問題是發行商在發行低行使比例的低價權時，只要把隱含波動率調高，讓發行價格剛好0.6元，可是掛牌之後，一下子就掉到0.3元，還是沒有違反證交所的規定呀！而

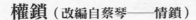

權鎖（改編自蔡琴——情鎖）

作詞：莊奴　作曲：林庭筠　改編：小哥

有人告訴我　低價像一把鎖
我從來未曾嘗試　怎麼能信得過
自從買了你　價差鎖住了我
你偏又拉低委買　卻沒說為什麼為什麼
我不願去低賣　自己好像一隻大笨狗
沒有賺只有賠　何必讓那賠錢困擾我
不知道為什麼　你的委買總是低很多
想要賣　賣不掉　漲也漲不夠
有人告訴我低價像一把鎖
如今我已然嘗到　嘗到這苦果　這苦果

10檔的差距根本就太大了，真正報價差10檔的權證，散戶買到會賺錢才有鬼。所以請證交所要更貼近真實的交易市場，不要空有美意，卻無法達到保護投資人的目的。

3-6
好券商不寂寞
良性循環有遠景

對造市商而言，努力經營品牌，維持「委買隱波率穩定」、「委買賣量穩定」、「委買賣價差比小」，營造一個公平交易環境，做久了，投資人都會看，即便委買隱波率不是市場最低，但投資人對發行商的信任，就會在成交量看得出來。

市場大了，散戶來了，該賺的賺了，會吸引更多散戶來這市場，發行商就可以賺取更多時間價值，這就是良性循環。若發行商老是想在投資人身上撈錢，投資人買了就降委買隱波，委買隱波一降，等同於委買價調降，投資人沒享受到該賺的利潤，卻多賠了不該賠的虧損，久而久之，就會離開這市場；少了投資人，發行權證也就沒利潤可言了。

寶來最早走向正義之途

券商界最早把委買隱波穩定的是寶來證券（已併入「元大證券」）；據我了解，有一個交易員在開會時提出：以後可不可以把隱波率固定？因為投資人哪裡知道隱波率是什麼，投資人只知道我今天買了權證，現股漲了我可以賺錢，現股跌了我就賠錢，這樣才公平合理。

所以寶來當時的委買隱波率很穩定，那它們要靠什麼賺錢呢？就靠賺價差、時間價值，也就是我稱為的「公道錢」。寶來希望把市場做大，只要抽這個「夜度資」就可以生存，這是它們的理念，對於這點我鼓掌認同。

但寶來堅持只賺這個，獲利就不多，壓力就會比較大。所以寶來被元大合併，我很擔心是權證界的大悲劇。後來其他券商像統一、凱基證券也跟進，也不太會調降委買隱波。

當時我看過很多次寶來拉高委買隱波率來回收權證，讓之前買進的人可以高於市場合理價格賣出，之後才再降低隱波率造市（詳見圖1），實在是很有良心的券商。

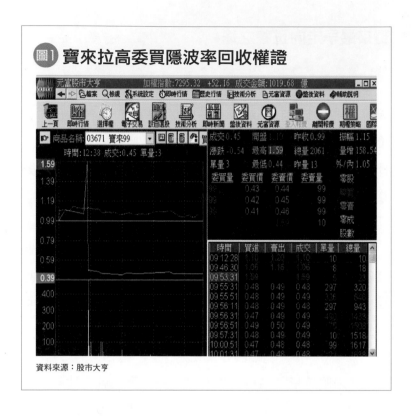

圖1 寶來拉高委買隱波率回收權證

資料來源：股市大亨

　　通常在出國之前，我都會把權證賣一賣，但手上如果有寶來發行的，因為我覺得它很有信用，不會隨便降隱波，所以出國也照樣放著，回來後經常發現連團費都賺到。像是圖2這一檔，出國5天，賺了168萬元，真是天大地大沒有寶來的情大。但其他券商發的就要小心，每多放一天就是一天的風險。

圖2 買寶來發行權證，出國5天，賺168萬元

客戶帳號：▯▯▯▯　委託日期：98 ▾ 年 07 ▾ 月 23 ▾ 日　至：98 ▾ 年 07 ▾ 月 24 ▾ 日
股　票：71993　　顯示：明細 ▾　　　　筆數：300筆 ▾　查詢

已實現總損益：1,683,328 報酬率：107.12%

委託日期	股票	代號	成交股數	單價	類別	價金	手續費	交易稅	利息	淨收付	損益	報酬率(%)
98/07/23	寶來QR	71993	60,000	3.72	普賣	223,200	318	223		222,659	112,703	50.62
98/07/23	寶來QR	71993	98,000	3.68	普賣	360,640	513	360		359,767	180,172	50.08
98/07/23	寶來QR	71993	98,000	3.68	普賣	360,640	513	360		359,767	179,591	49.92
98/07/24	寶來QR	71993	98,000	3.75	普賣	367,500	523	367		366,610	186,033	50.74
98/07/24	寶來QR	71993	11,000	3.75	普賣	41,250	58	41		41,151	20,993	51.01
98/07/24	寶來QR	71993	88,000	3.74	普賣	329,120	468	329		328,323	166,634	50.75
98/07/24	寶來QR	71993	98,000	3.67	普賣	359,660	512	359		358,789	188,166	52.44
98/07/24	寶來QR	71993	99,000	3.59	普賣	355,410	506	355		354,549	188,984	53.30
98/07/24	寶來QR	71993	99,000	3.59	普賣	355,410	506	355		354,549	188,984	53.30
98/07/24	寶來QR	71993	99,000	3.59	普賣	355,410	506	355		354,549	188,984	53.30

在日期上按滑鼠左鍵點擊，呈現明細資料
當日的當沖交易，其交割金額收盤後才會正確計算出

資料來源：新光證券

在此奉勸各發行商，該掛的委買別降，想拉開價差反映成本，就去拉委賣，這樣投資人才會對這市場有信心，以前權證降隱波，大家不會算也就罷了，現在這牛熊證好算多了，被抓包事小，影響商譽就得不償失了。

好券商會留下公車錢

權證具有時效性，每天時間價值都會遞減，絕對不要抱

有買股票套牢不賣的觀念，留來留去留成愁，經常最後都是歸零。

不過你可以觀察一個有趣的現象，一檔權證如果已經毫無履約價值了，好券商還是會掛出0.01元的價錢來回收，就像是去好賭場一樣，等賭光輸光後，還會幫賭客留個零錢，讓賭客坐公車回家。別小看這10元，券商於理於法可不掛出這0.01元的，且回收也是要花錢的。以前我買過一檔爛券商發行的權證，價外只有一點點而已，連0.01元都不掛，一氣之下跟它拼結算，結果結算價0.4元，反而大賺了一筆。

第4篇

權海浮沉，血淚為鑑
實戰經驗教你贏

這些權證實戰技法，是我在市場摸索多年的血淚心得，在此佛心大放送。
像是認售權證避險法、樂透權玩法，及搭上主力列車的招數等，包你學到
賺到。

4-1
想玩權證
先學會挑對股票

市場上很多寫權證的書都淪為教科書，僅把名詞解釋一下，但很多實戰經驗都沒寫，我猜很多書可能連寫的人自己都沒有玩過權證。但這本書是我自己摸索的心得，也是我在權證市場的血淚史，我相信會是一本很好的實戰書。

想買權證之前，我建議投資人先搞懂股票，因為權證的走勢與標的股票密切相關，而權證更因為有時間價值，不能久放，所以操作難度比股票還高，但是它能讓我在7個月內，靠10萬元本金賺到1,000萬元，這是股票辦不到的。

投資股票想賺錢，有很多方法，你可以快進快出，也可

以長抱高殖利率股票，賺長線的錢，不過我在前面的篇章中已經一再提到，「時間是權證最大的敵人」。所以權證只有短線，沒有長線，你想要買進的權證，最好是預期標的股票馬上就會起漲，或是正處在一個上漲趨勢的強勢股。

精算賺錢機率，追強汰弱很重要

舉個例子，我家鄰居小明，曾經開了兩家店，一家賣黑輪、一家賣飲料，黑輪店賺錢、飲料店賠錢，他把黑輪店收起來，去加碼投資飲料店，期待飲料店轉虧為盈。你一定會笑小明真是個呆子。

但是在股票市場上，大家卻經常做這樣的事情，把賺錢的股票賣掉，加碼賠錢的股票，這在權證市場尤其是大忌，因為權證是不容許你買來放著、等它轉強的，且通常還沒有等到標的股票轉強，權證價值就已經要歸零了。

所以我在本書第1篇裡一直強調要賺錢，會算機率很重要，機率高的重複做，就可以賺錢，在權證市場裡，什麼是賺錢機率高的事？就是追強汰弱。

我們先來做個小測驗，請問問自己以下 3個很簡單的問題：

Q1：開盤vs.收盤，通常哪一個時候股價會比較高？
A：經常是開高走低，除了美股大跌的時候，才可能開低走
高。但很多人是習慣一早就進場買股票或權證。

Q2：強勢vs.弱勢，1檔強1檔弱時，你會選哪1檔？
A：記得要買強勢、空弱勢，千萬不要買弱勢、空強勢。但
很多人習慣賣掉賺錢的、獲利了結，卻去加碼賠錢的。

Q3：價漲量增vs.價漲量縮：哪一邊好？
A：前者好。量縮代表認同的人少。

看價量漲幅，強勢股才是王道

我在開講座時，最常遇到同學問我如何找到強勢股，在此我分享幾個心得：

心得1》漲幅要在全市場裡面排名前茅：這很像你去看賽馬，要看哪一隻馬率先噴（奔）出，像我的自選股就有固定設定「當天漲幅排行」，每天開盤前半個小時，我都會去看這個漲幅排行表，爬最快的就是強勢的，你就抓出來。你說買強勢股有沒有可能賠錢？有可能，但是從機率

強勢股隔天續強機率高

代號	股票	4/27	4/28		代號	股票	4/27	4/28
'3527	聚 積	6.9	6.8		'8299	群 聯	-6.9	-3.6
'1702	南 僑	5.9	6.9		'2486	一 詮	-6.9	-1.6
'1440	南 紡	5.8	4.5		'9934	成 霖	-5.0	0.0
'5312	寶島科	5.5	0.0		'2049	上 銀	-4.4	6.9
'6279	胡 連	5.2	1.0		'2204	中 華	-3.3	-0.7
'3044	健 鼎	4.4	-3.0		'6173	信昌電	-3.2	-0.7
'2104	中 橡	4.0	0.0		'2511	太 子	-3.1	-0.7
'2457	飛 宏	3.6	6.9		'5425	台 半	-2.9	-1.8
'9157	陽光能	3.5	-1.3		'6261	久 元	-2.9	-1.7
'5349	先 豐	3.3	-3.9		'5512	力 麒	-2.8	-1.3

註：此為2010.04.27與2010.04.28的漲跌幅，單位為%

來看，賺錢的機率還是比較高。

我每天會去看強勢股、弱勢股，發現強勢股還是強，弱勢還是弱，少數例外你不必理會，我再次強調，你不必每次都對，但要選贏的機率大的，而強勢股強的機率就大，賺錢的機率就多。

圖1是我隨便抓一天強勢股及弱勢股，及其隔天表現，很容易就可以觀察出強者續強、弱者續弱。

心得2》你下手買進時的價格最好是它當日最高價：例如你下午1點要買這檔權證，它的股票已站上當天最高價；反之，若已從最高價明顯回跌，建議先不要碰。

心得3》成交量也很重要，最好是價漲量增。量增是說增加1～2倍之類，不是那種歷史天量喔！萬一遇到主力倒貨的就不行。我會先看分時走勢圖，看有量出來、股價也急拉上去的，再打開日K線圖，我最喜歡第1根爆量上漲的，我會重壓，如果是已經噴很多天的，會考慮放棄。

日K線＋分時圖，3種型態我最愛

什麼KD值指標、RSI指標，我是從來不看的。我喜歡3種強勢股的日K線及分時圖的型態：

型態1》**帶量紅棒**

股價盤整之後，出現第一根帶量紅棒：

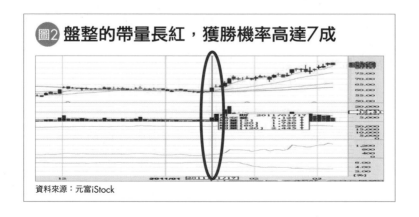

圖2 盤整的帶量長紅，獲勝機率高達7成

資料來源：元富iStock

型態2》**跳空缺口**

　　向上跳空缺口就是今天的最低價，高於昨天的最高價，如果在盤整初期出現後，會有一波漲勢。

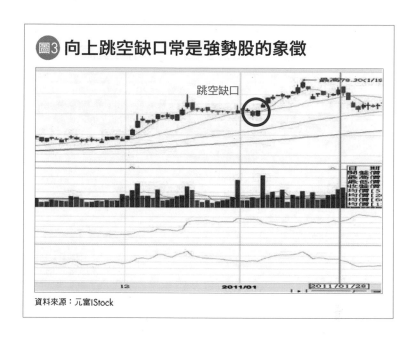

圖3 向上跳空缺口常是強勢股的象徵

跳空缺口

資料來源：元富iStock

型態3》**價漲量增**

　　分時圖的特徵如果是一波波往上的，像是大量急漲又小幅壓回，但很快又出現一波大量急漲，大概就是有哏的。凡是大量配合上漲的，都可以在小幅壓回時布局，因為權證是很短線的東西，買了之後短時間找停利點，3天沒法

獲利就準備停損,所以只要個股還有更高價的機會,就有機會賺錢。我舉綠能(已下市)的例子給大家看,在這個交易日裡,就是大漲小回,一波比一波高(詳見圖4)。

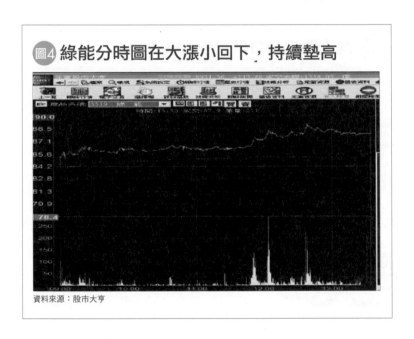

圖4 綠能分時圖在大漲小回下,持續墊高

資料來源:股市大亨

跟投顧老師明牌,要反向操作

我平常交易時會開著三台電腦,一台下單,二台看盤,電視同時固定在股市節目,前一陣子,我發現電視上有1、2個投顧老師喊盤特別準,講到哪一檔,那一檔就會

筆直急拉、一次跳好幾檔上去，我決定來跟他的牌試試看，當他說出股票名字時，我就準備好滑鼠。我算過自己差不多在3秒之內，就可以找出最有機會跟漲的權證、下單買進，不過這種通常只會漲3分鐘，過後常會跌至更低，最好在高檔布局認售權證或融券放空。

而且，跟這種盤中的明牌會很緊張，因為不知道他說完股票名稱之後，下一句話會接什麼，「○○股……（停頓3秒），根據客戶端的消息……（又停2秒），下個月營收會衰退」，那就完蛋了。

有些人認為小型股股價波動度大，跑得快，最適合玩權證，的確，敢漲敢跌的股票對投資人來說比較有利，不過要注意的是，小型股的隱波率通常都賣得滿高，被降隱波率划不來，有時候反而難玩。

而一些大型權值股的造市普遍做得比較好，價差小、賣的隱波率低、槓桿大，像台積電（2330）你可能做一波上來，股價只漲7%，但權證可以賺到1～2倍。有次權證比賽的其中一項是「買冠王」，比誰成交量大，我就專買另一檔權值股台達電（2308）的權證，光這檔就可以

1個月沖個3,000萬元，因為發行商造市做得好、價差又小。

最好的狀況是看到一些過去股性很牛皮的股票，發行商的隱波率都賣得很便宜，但最近轉活潑，你買進後它馬上就動了。像宏全（9939）、陽明（2609），過去很牛皮，但都有一段時間突然轉活潑，就可以玩它的權證，很容易讓你翻倍賺。但千萬要記得，要在它們量價明顯有波動時才介入，而不是買來抱著等，這樣絕對是樂了賺時間價值的發行商，苦了自己荷包。

Note

4-2
要選好權證
先選良心發行商

選對股票後,你已經成功一半。接下來就是找到好的權證。對於權證新手,第一重要的就是挑良心發行商發的權證,有認真看前面章節的讀者,應該可以了解我的苦心。

把握7原則,孕育金雞母

原則1》選有良心的發行商

因為它的隱波固定,不會隨便調降委買隱波率,讓你買得安心,加上它的委買委賣量固定,讓投資人一眼就看出電腦單在哪裡。有些權證快到期時,像以前的寶來(現為元大證券)還會調升委買隱波率,把回收價格再調高一點,讓投資人揪甘心。

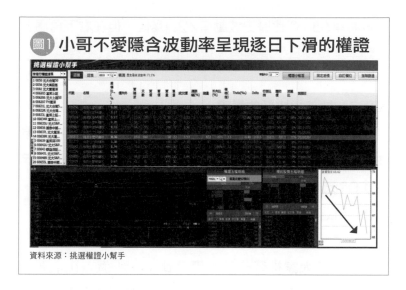

資料來源：挑選權證小幫手

原則2》低且穩定的隱波率

同樣一檔標的股票的權證中，你可以從低隱波率的下手，因為低隱波率代表這檔權證賣得比較便宜。但前提是要好發行商發行的權證才行，有些爛發行商會用低於市場同業的隱波率來引誘散戶，你得小心它的回收價格更低，就是「買低賣更低」。我在晚上做功課時，會從挑選權證小幫手中，看看有沒有最近波動大，但發行商賣得隱波率低的權證。

類似圖1中，精測永豐92購01（705212），雖然隱

含波動率65.6%比歷史波動率72.1%低，但在右下角隱含波動率呈現逐日下滑趨勢，這類權證，小哥就不愛選！

原則3》挑差槓比低的權證

「價差」等於一買一賣之間，投資人要付給券商的交易成本。這個值當然愈低愈好，若「委賣價－委買價」等於0.01元最好。不過，0.01元跟0.02元相差0.01元、4.99元跟5元也是差0.01元，但這兩者差很多。

小哥再幫大家複習一下「價差比」。「價差比」要將「委賣價－委買價」再除以委賣價，在這個情況下，若委賣價比較高一點，價差比就會比較小。所以一檔權證的報價委買價是0.01元，委賣價0.02元，與另一檔委買價是4.99元，委賣價是5元，5元那檔的權證價差比就會比較小，交易上相對划算。故一般都建議買1元以上，報價相差的檔數較少的權證。

但除了價差比，好的權證，價差比要小、槓桿要大，但常會發生價差比很小、槓桿也很小，或者價差比很大、槓桿也很大的兩難情況。為此，小哥在「挑選權證小幫手」系統中，設計了「差槓比」的條件，來協助判斷找出價差

比小、槓桿大的好權證。

差槓比＝價差比／實質槓桿

若價差比愈小，數值會愈小；實質槓桿愈大，數值也會愈小。若是認購權證的差槓比低於0.3、認售權證的差槓比低於0.5的話，就代表短線操作買權證會比買股票來得划算；差槓比大於1的時候，就不適合買權證了。

若進出權證的張數不多，就以差槓比來優先選擇即可，若進出的張數很多的話，那麼挑選「好的發行商」就很重要了！因為一旦權證張數多，自營商雖然報價很不錯，但委買價可能只掛10張，散戶賣得掉，大戶不見得出得完呀！所以如果投資人進出部位比較大，記得要挑報價好、造市也好的券商。

原則4》**價外最好不要超過20%**

在小哥設計的挑選權證小幫手裡，對於價外的定義為綠色且是負值，以2019年8月22日那天的狀況為例，台積電（2330）收盤價是254元，在所有權證中最價內的是履約價59.89元，我將它定義成價內324.1%，最價外的

是履約價387.12元，我將它定義成價外-34.4%。公式是：「（股價／履約價）－1」。若股價大於履約價為正值（價內），股價小於履約價就為負值（價外），各家券商對價內外的正負值定義不一，看久了習慣就可。

小哥建議買賣權證的價外不要超過20%，也就是不要買低於-20%的權證，以免發行商降隱含波動率時，影響權證的價格過多！

原則5》**成交量不要太大**

股票成交量增是好事，但在權證市場這個鐵律的運用上必須多注意，要是單日成交量太大，代表發行商在同一天內把手上權證賣出去很多，隔天可能就會來個降隱波率的小動作。

原則6》**距離到期日別太近**

除了我之後會介紹的「樂透權」玩法之外，買權證還是要買距離到期日遠一點的，這樣時間價值不會掉得太快，你可以參與的時間也多一點。

假如你認為自己有內線，一檔股票半個月內會大漲，你

可以利用我之前介紹的「權證計算器」（可調整各種變數計算出權證價格），算算看每一檔以它為標的的權證中，半個月後大概值多少錢，哪一檔權證的獲利率最高，你就去買那檔權證，這是最簡單的判別方法。

原則7》最好不要買已經完售的權證

在此特別提醒，不要買那些已經100%都在外流通的，也就是完售的權證，一來是有良心的發行商在權證賣光之後，委買隱波率還是會固定，沒良心的發行商在賣光權證之後，隱波率就掉到很低；這時發行商的委買單掛在很低檔，如果沒有投資人追價買盤，權證便容易被打回原形。

完售的權證也可能表示這檔權證被追買，價格就會失真。像2010年第4季寶來證券（現為元大證券）發一檔以佳必琪（6197）為標的的認售權證，很熱門，沒有幾天全部賣光，隱波率賣到100%多，佳必琪股票一直跌，但權證都在4元多沒動，為什麼？因為隱波率被賣太高了，籌碼都在散戶手上，直到佳必琪跌到很低了，這檔認售權證才從5元漲到6元。

所以你買權證要很小心，要看權證籌碼是不是都在散戶

手上。有的投資人很厲害，滿手套牢的權證，還會自己掛出委買、賣價，引誘沒注意到價格已離理論價格很遠，或是誤入權證叢林的小白兔進場。

在此我點一首曹格演唱的〈背叛〉，提醒那些把權證買光的投資人。這檔案例是以華航（2610）為標的股票的權證，該檔權證被投資人買光，原先帳面上是多100萬元，但是權證到期後，賠了400萬元。

背叛

作詞：阿丹/鄔裕康　作曲：曹格　編曲：惠源　改編：小哥

盤　不停跌下來，權　怎麼沒人買
儘管華航鎖漲停　散戶不買就不買
你一個人　只剩悲哀，盤　只剩下無奈
你一直不願再去看　五檔上買賣之間永遠都夾著空白
缺了一塊　就不精彩

把權買光的你　券商　SAY GOOD BUY
你比我清楚還要我說明白　口袋深會讓人瘋狂地勇敢
讓你自己造市　完成你的期盼，
券商賣掉所有的權　SAY GOOD BUY
當作最後一次對你的關愛
冷冷清清淡淡今後沒人買　只要你能愉快

心　有一句感慨，權　還能夠跟誰買賣
在到期日之後　替我再回頭看看，那些權證　還在不在

把權買光的你　券商　SAY GOOD BUY
你比我清楚還要我說明白　口袋深會讓人瘋狂地勇敢
讓你自己造市　完成你的期盼
券商賣掉所有的權　SAY GOOD BUY
當作最後一次對你的關愛
冷冷清清淡淡今後沒人買　希望華航漲快

4-3
順著趨勢走
有賺才會加碼

我發現我賺錢時常常是因追逐強勢股,但賠錢的原因也是強勢股,因為常以為要轉折向下,而放空強勢股!很多人喜歡去抓轉折,不過抓轉折的難度挺高,口袋也要夠深,重點是不能搶錯反彈,搶到像「雅新」(已下市)這類地雷股,搶錯一次,悔恨一輩子!

確實,抓對轉折跟追逐強勢股都能賺錢,但做權證記得趨勢很重要,趨勢是你最好的朋友。「漲時加碼,跌時減碼,買高賣更高,賣低買更低」是我的操作原則。

我買第1筆賺錢後,會再買第2筆,等有賺才買第3筆,假如開高走低我可能只買第1筆就停了,所以我的部位就看當天盤勢而定,如果盤好就部位大,盤不好就部位小。

賠錢就想攤平，小心愈攤愈貧

例如早盤我先買一些部位，11點部位賺錢了，我會繼續加碼，到12點半還是賺錢，再加碼，若到1點我賠錢了，就停止加碼，到這裡為止。如果你一買，賠錢，就該出場。但很多人不是這樣，一買，賠錢，就想攤平，因此就繼續買、一直攤平下去，就算有金山、銀山也會用完。

資金掌控得好，你會大賺小賠，因為如果漲跌的機率是一半一半，你漲時因為不斷加碼，跌時一直減碼，這樣就是贏多輸少。我看過很多期貨高手，也是賺錢時加碼、賠錢時減碼。

書上都說要低買高賣，全世界最會低買高賣的就在電視上後面80幾台，投顧老師都很厲害，都跟你說他買在哪個低點、賣在哪個高點，賺了多少錢；後來跟幾個投顧老師聊過後，才發現很多投顧老師都不買股票的，因為若盤中大賠，收盤後上電視，信心一定會有影響，索性就不買，把投顧業當演藝事業比較可靠。

我們沒他們那麼行，所以我們跟著趨勢走就好，買高賣

更高，創新高就要買，不要怕，只要你停損設好就不用怕。你看宏達電（2498）創新高前、股價300元時，進去你還有1,000元可以賺。等到開始往下跌時，短線搶搶反彈還可以，長期再怎樣買，大概都賠錢！

投資書上說，掉下來的刀子不要接，這是指剛掉下來的，量還沒放大的時候，等到利空頻傳爆大量，大概也只能用權證搶短多而已。

如果你覺得停損心會很痛，在此我教你一個方法：把股票戶頭的錢當作打電動的分數，分數本來就有起起伏伏，沒有到最後蓋棺論定都不算；千萬不要想說，這次賠掉5萬元是我1個月薪水，可以買一輛摩托車什麼的，這樣就砍不下手。

權證是不能當沖的，最快也是隔天才能賣，主要是你買權證，發行商也要在市場上買股票或賣股票來避險，如果權證開放當沖的話，發行商避險不容易，若開放當沖，價差比一定會比現在大，也不見得是件好事。

如果現股漲停了，權證還要不要買？要買可以，但重點

是要會挑，被散戶一路追買，導致委買、委賣價差很大的權證就不要碰，可以分辨出發行商掛單在哪邊的，價格合理的，這種權證才可以買。

遵守停損紀律，搶反彈要有技巧

基本上，只要在跌勢中不會去隨便加碼的投資人，要在這市場上畢業是很難的。

2011年農曆春節開紅盤前，每個電視股市名嘴都說要上萬點，結果開盤連殺了4根長黑棒，指數蒸發400點，周遭的親朋好友想進場撿便宜，聽得我膽戰心驚，想當年金融海嘯跌到3,955點時，一堆人不敢進場，怎麼現在指數才跌個500點，就覺得股市超跌。

有個分析師更恐怖，叫投資人抱牢股票、千萬不要賣，因為沒什麼股票跌停鎖死，沒有流動性的風險，不用太緊張。我看了是挺緊張，因為跌不停比跌停更恐怖，畢竟溫水煮青蛙，死得不知不覺更教人害怕呀！

這時已有很多權證跌到了深度價外（我定義「深度價

外」是履約價除以股價大於1.3，例如履約價130元，股價100元），因為當個股先狂跌，在打底盤整的過程裡，權證的時間價值會跌得相當快，持有深度價外權證的投資人一定要減碼，且權證跑到愈價外，時間價值遞減的趴數愈高。抱著價外權證的人，經常是等到權證歸零，然後傷心的離開市場，所以權證投資人，必須比一般持有股票的投資人，要更能確實遵守停損的紀律。

我們看圖1這檔權證為例，投資人在什麼時候會大買權證？就是標的股票大跌、權證大跌的時候，大家想要搶反彈，就買權證，交易爆量；投資人大買了之後，權證價格一路躺平，直到歸零。所以權證市場讓很多投資人賠錢，就是這個原因。

股票市場裡很多老手都會想等反彈再出股票，期待能損失少點；但其實很多股票根本沒個像樣反彈的。我建議，每次進場時，便設好個股的停損點，一般我都設5%，也就是半根停板後，就得砍出認購權證，當股票碰到停損點，二話不說就是得把認購權證賣掉，別等反彈了，就算反彈真的來，我相信很多人還在等它彈得更高點再賣，於是就陷入連環套的循環了。

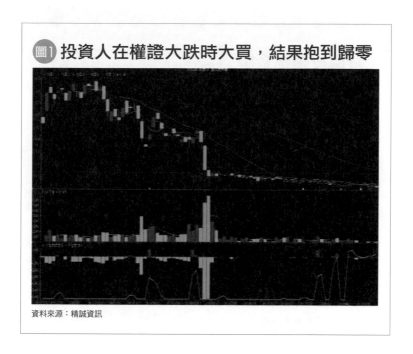

圖1 投資人在權證大跌時大買，結果抱到歸零

資料來源：精誠資訊

　　在此改編辛曉琪的〈每個愛情都危險〉，希望投資人能遵守別太愛進場搶反彈。若真的想搶，請記住一句話，「搶反彈就像搶銀行，不管有沒有搶到都得跑」，畢竟沒有爆量，可別亂攤平，攤平可是很危險呀！

每個反彈都危險（改編自辛曉琪——每個愛情都危險）

作詞：李宗盛　作曲：李宗盛　改編：小哥

女：盤不會永遠高點　散戶們啊　記住這點
男：狂跌真讓人討厭　誰猛喊萬點不必諾言
女：如果你親身體驗　反彈與賺錢之間　它並無關聯
男：也許你會發現
合：其實每個反彈都危險

女：每年開始都猛喊萬點
男：也能相安無事幾個春天
女：而它下跌一千點
男：oh　一千點
女：它一天狂跌N點
男：再怎麼深陷
女：再怎麼賠錢
男：再怎麼為盤奉獻
女：再怎麼不甘不願
男：停損是保命的錢
女：更是今生的考驗

女：錢力量有限　散戶們啊　別忘了這點
男：永遠不要那天　流著眼淚　說著抱歉
女：若是曾親身體驗
合：賺錢與停損之間　它很有關聯

男：終於你會發現
女：其實每個反彈
男：每個反彈
合：每個反彈　都危險

女：每次開始　都回測均線
男：也能相安無事幾個今天
女：為何只碰一點點
男：oh 一點點
合：它碰到馬上下陷
女：再怎麼深陷　再怎麼癡戀
男：再怎麼為股奉獻　再怎麼不甘不願
合：停損是保命的錢　更是今生的考驗

男：不必懷疑停損的堅決
合：和那些外資搶走的一切
男：有誰願意賠錢到接近冷血
合：也許他真的　已再無感覺
合：可惜不是每個人都了解　與其讓它將心撕裂
男：不如接受它的幻滅～

4-4
無敵保命2招
避免賠光出場

談到這裡，小哥決定不藏私，要開始教你無敵保命大絕招，且欲練此功，不必自宮，學會「停損」，海闊天空！

記得我第一次買股票掛掉的是華映（已下市）。這家公司就在我家隔壁，每個人走出來的氣質都像公務員一樣，只要鄰居誰說他在華映上班，我就覺得「好厲害」。而我在股價30元時買進華映，15元才認賠，損失慘重。結果你看華映現在都下市了！事後我檢討，應該跌1成時、在27元就該賣了。

根據我多次畢業的經驗告訴你，只要是跌就是得減碼，這是投資權證很重要的態度。市場上唯一不會讓你受傷的

我的資金控管5大原則

1.絕不攤平。
2.沒有套牢。
3.賺了多少錢不重要，留住多少錢才要緊。
4.一筆操作或任何一天，別損失掉總資金的10%。
5.操作不順時，就去休息吧！

工具就是現金，持有現金，終有反敗為勝的一天。

　　大家還記得宏碁（2353）第1次調降營收預估值的消息嗎？對買進宏碁權證的同學，那可是一個刻骨銘心的黑色星期五，宏碁現股週一開盤就跌停鎖死，一堆權證瞬間跌掉30%～40%，這還不打緊，恐怖的是零星的委買盤掛在跌幅50%～60%的地方，而造市發行商依法在股票跌停時，可以不掛出造市買盤。

　　手上持有宏碁權證的投資人，一覺醒來，權證腰斬，面臨求售無門的窘境。所以，投資權證和期貨、選擇權等高槓桿商品一樣，很容易一次就畢業。沒有馬上畢業的也要記得，千萬別向下攤平，尤其權證線型沒參考價值。有些人看線型做權證，那實在是不專業。

絕招1》**學會停損，留下資金**

想玩權證，你一定更要學會停損。以下的案例就是很殘酷的事實（詳見圖1），宏達電（2498）股價還在1,000多元的時候，它的認售權證、流通在外的比率接近100%，聯發科（2454）、宏碁認購權證，抱到0.01元，這些權證最後歸零的機率很高。

所以流通在外張數或是比率，是很好的指標，只要散戶買光的權證，下場都會很慘。為什麼？因為散戶通常一被套牢就不會想賣，甚至還反向攤平。

我的原則是，任何一筆操作或是任何一天，絕不損失超過我資金的10%，因為100元剩下90元，你要反攻還有機會，90元要回到100元，只要再賺11%，但如果腰斬剩下50元，50元要回到100元，就得要賺到1倍，才能夠賺得回來。

我經常自己這樣想，最後的贏家應該要歷經多、空的洗鍊，多頭你多會賺都不算，要等到回到你進場的點位時，你才知道自己有沒有錢。比如4,000點漲到8,000點，你

圖1 流通在外比率近100%，權證歸零機率高

	權證代號	權證名稱	標的	權證價格(元)	流通在外張數	發行張數	流通在外張數佔總發行(%)
1	03823P	元大DX	宏達電 (2498)	0.04	30,000	30,000	100.00
2	04054P	元大C7	宏達電 (2498)	0.89	29,904	30,000	99.68
3	03951P	元大MG	宏達電 (2498)	0.58	29,809	30,000	99.36
4	04113P	元大2G	宏達電 (2498)	0.78	28,130	30,000	93.77
5	035226	永豐C9	聯發科 (2454)	0.01	27,643	30,000	92.14
6	04124P	元大3C	宏達電 (2498)	0.59	20,125	30,000	67.08
7	037477	元大F9	志基 (2353)	0.11	20,000	20,000	100.00
8	034545	元大X9	聯發科 (2454)	0.01	20,000	20,000	100.00
9	04093P	寶來EC	宏達電 (2498)	0.30	20,000	20,000	100.00
10	036572	元大XE	奇美電 (3481)	0.03	20,000	20,000	100.00
11	03932P	群益3Q	宏達電 (2498)	0.13	19,969	20,000	99.85
12	035475	永豐J3	聯發科 (2454)	0.02	19,963	20,000	99.82
13	038914	永昌CN	志基 (2353)	0.17	19,946	20,000	99.73
14	035404	元大ES	聯發科 (2454)	0.05	19,868	20,000	99.34
15	035977	元大IG	聯發科 (2454)	0.16	19,715	20,000	98.58
16	04128P	富邦HR	宏達電 (2498)	0.56	18,775	25,000	75.10
17	701064	永豐UP	信昌電 (6173)	0.01	18,239	20,000	91.20
18	034805	元大AP	聯發科 (2454)	0.02	18,111	20,000	90.56
19	033231	群益JG	洋華 (3622)	0.01	17,937	20,000	89.69
20	035462	永豐H8	聯春 (2384)	0.05	17,102	30,000	57.01

權證市況 > 流通在外張數　　資料日期：2011/04/15

資料來源：群益權民最大網

賺2,000萬元，當回到4,000點時，你賺的錢都還在，那你就是贏家。

　光是不怕輸還不夠，還要停損認輸。我每天都在做停損的事情，像家常便飯；你今天不做停損的事，收回資金，你在戰場上打仗的兵就少了一些，所以你一定要學會停損，這樣你的兵源才充足。球賽中和裁判爭辯是徒勞無功

的，就像盤勢是不容爭辯。假設今天股市跌了，但你找100個理由認為它會漲，就是要做多，明天股市還是跌，你一直等待，就像你今天搭火車要去台北，但你坐了南下的列車，然後一直問，我何時才能到台北？

股票套牢了，你也許可以放，它有可能回到原來價位，但權證幾乎都不可能回到原來價位，因為權證會到期、有時間價值的問題，你不要買來一檔權證死都不賣，然後6個月後還問營業員說，我買的權證怎麼不見了？在此小哥想到張宇一首好聽的歌〈回頭太難〉與大家分享。

絕招2》分散標的，分散風險

因為權證是高槓桿、高風險商品，我個人很忌諱把資產單壓在1檔權證上，也建議一般投資人不要這樣做，宏碁這樣的例子市場上天天都有，如果你喜歡單壓，很快就畢業了。

當然也不要一次買進太多檔，因為權證是屬短線交易的商品，比較需要盯著盤面變化，一般新手的話，3～5檔是差不多，還可照顧得來，我個人是經常一天會買個20

回頭太難

作詞：十一郎 作曲：張宇 改編：小哥

過了這一夜　權證值也不會多一些
妳又何必流淚　快賣掉才不會多傷悲
交割戶頭有個缺　誰能讓錢停歇
抱著若傷悲　情願自己背

股價難挽回　是主力的一種不妥協
買得實在後悔　深深刻刻痛徹我心扉
可知心痛的感覺　套牢就能體會
看價盤跌　錢遠走高飛
買賣權證不會太難　該砍就要砍
若不快砍　時間價值慢慢散
一路向下回頭太難　反彈更漫長
從此迷亂　注定逃不過完蛋

檔以上，但要記得先提升自己的功力。

有句話說：「一項成功投資的基礎，是建立在詳細的風險計算和報酬率的掌握上」，你可能每天都要計算自己的曝險部位有多少。假如隔天發生921大地震，你的部位會

怎樣，有時如果我權證抱太多，就會去期貨市場買空單避個險。

在此分享一個血淋淋的故事。我記得2004年總統大選前，連宋宣布合作，我有朋友把全部身家800萬元拿去期貨市場全力做多，因為他認為國民黨一定大勝。結果發生了319、也就是兩顆子彈事件。選後開盤第1天期貨亮燈跌停，他的倉位砍不掉，現賠800萬元，第2天也是跌停開出，期貨商立刻強制平倉，他不僅賠掉800萬元資產，還負債800萬元。

我經常想起他的遭遇，所以我買很多權證時，會想如果隔天發生類似921地震這樣的大事該怎麼辦？所以我買得多時，就會去期貨市場避個險，不要把全部的錢都放在權證上。

Note

4-5
認售權證
幫你的操作買保險

若空頭來臨時該怎麼辦？投資人可操作認售權證。認售權證因為避險成本關係，一般賣得隱波率比認購高點，這跟選擇權類似，也因為賣得較高，發行商更有調降隱波率的空間，故投資人還是得慎選委買隱波率穩定的發行商，這樣買認售權證較有保障。

股票利多不漲，加碼好時機

大家還記得2010年是航空業最風光的一年，利多一波接一波，2大航空公司——長榮航（2618）跟華航（2610）的股價也飆到了高點，很多持有股票的投資人，在這利多頻傳的時刻，捨不得賣掉手中的股票。一如往常的，利多總在最高點出現，於是長榮航由2010年底

的37元，急跌到了22元，2011年第1季都還沒過去，股價就打了6折，華航也由26元跌到了16元，股價也打了62折，在高點沒賣到的投資人一定揪心肝，因為一路跌下來的過程中，想等個像樣的反彈也等不到。

像這種情況，我建議若有抱到波段漲幅的投資人，可將部分持股獲利了結，並在高檔花點小錢買些認售權證避險，若在2010年底投資人花個170元買張元大9B華航認售權證（已下市）避險的話，3個月也漲到快1,000元，若花個580元買張富邦D9長榮航認售權證（已下市）避險，3個月也漲到2,600元，從認售權證上面的獲利，可彌補一下在高檔尚未賣出部分股票的虧損，但若股票繼續大漲的話，股票上的獲利，將遠大於權證小錢上的損失。

投資人較愛操作認購權證，原因是認購權證可以愈漲愈多，就像大家買股票習慣做多一樣。當宏達電（2498）站上千元時，1天漲停帳面可以多個7萬元（編按：當時漲跌幅限制為7%），但前一年的此時，宏達電1天漲停也只能漲個2萬元，這就是做多的魅力。

認售權證就像放空股票一樣，現股跌，認售權證漲，股

價跌停雖然都是10%，但會愈跌愈少，例如100元跌停是少了10元，等跌到50元時，跌停就只跌5元，所以認售權證會因股價下跌很多時，導致漲幅愈來愈小。

但投資人要記得一點，空頭總是來得又快又急，雖然認售權證會愈漲愈少，但在股票空頭走勢中，認售權證的上漲速度會比多頭走勢的認購權證來得快。

在此改編一首趙傳演唱過的好聽歌曲——〈當初應該愛你〉，建議投資人若在股票高點不想賣的話，買點認售權證避險吧！

當初應該賣你（改編自趙傳——當初應該愛你）

作詞：易家揚　作曲：郭子　編曲：鐘與民　改編：小哥

我買在爆量與天價交會的點
祈求天將我所失去的全都還給我
和你相遇太晚
買得太高
只怪我沒發現　你有多好

我看著股價被外資愈砍愈糟
慢慢的把我所存款的一切都帶走
如今後悔也好　心痛也好
但是我對你的貪念　誰又知道
是的　當初應該賣你
可是為何我一直攤平
我閉上眼睛　假裝我可以忘記
流下的眼淚卻騙不了自己
錯了　當初應該賣你
還來不及哭給媽聽
一路上走來
我不停問自己
原來這一次　我真的買錯你
是的 當初應該賣你
可是為何我一直攤平
我閉上眼睛 假裝我可以忘記
流下的眼淚卻騙不了自己
錯了 當初應該賣你
還來不及哭給媽聽
一路上走來
我不停問自己
原來這一次　我真的失去你

權證大跌時，買進認售彌補損失

　　認售權證的功能，在權證大跌時也能派上用場。如果一檔權證重挫，低價賣不掉，你可以去買跟它同樣標的股票的認售權證，找尋距離委買大量的價格附近有無賣盤，買進來避險。

　　舉例來説，宏碁（2353）2011年3月28日因大利空而重挫時，一檔認售權證市價是2元，委買5檔附近均有大量買盤，是發行商之造市買盤，但在2.1元、2.2元附近有賣盤，則可買些回來避險，若隔天還是跌停鎖死，這些認售權證可讓投資人多賺一點來彌補虧損。隔天週二，宏碁現股依舊跌停鎖死，委賣張數高達8萬多張。

　　不過我那天觀察，現貨市場的恐慌賣壓，在權證市場並沒出現，所以我推估宏碁應該再一天便會打開跌停，果然，週三宏碁打開跌停。權證市場和期貨市場一樣有領先走勢、價格發現的功能。

　　曾經的股王宏達電一向是權證市場散戶的最愛。宏達電在2011年6月中旬卻出現戲劇性走勢，有4個交易日都亮

燈，第5個交易日也差點亮燈，其中只有第3個交易日亮的是紅燈，其他都是跌停的綠燈。

在這麼活潑的股性下，認購與認售權證也賣得超好，宏達電20日的歷史波動率由41%暴增至63%，在發行商均以40%～50%左右造市的情況下，波動劇烈的當週，發行商要在宏達電權證獲利，頗有難度；相對的，投資人只要方向看對，在宏達電的權證操作上獲利就容易多了。

散戶搶便宜，進場被刀砍

很多投資人在宏達電第1根跌停綠燈時就勇敢買進，合計買超宏達電權證1億7,000萬元，成交量達4億6,000萬元，而當天全市場的權證成交也才17億元，宏達電權證的交易金額，幾乎占了全市場權證近3成。

這是因為散戶通常喜歡搶反彈，所以當宏達電第1個綠燈亮起時，一般散戶便進場接刀子，這是從天上掉下來的刀子，我一般不建議承接。等到宏達電第3次亮燈跌停綠燈時，承接的力道稍減緩了，權證買超1億2,000萬元，在第4根長黑的16日，投資人也買超了宏達電權證達1億

7,000萬元。

而外資在這5天裡共賣超了宏達電現股1萬4,000張，賣超金額達100多億元。因為外資早就在選擇權大買PUT（做空的選擇權），所以股王落難，造成大盤受衝擊而下跌，外資的選擇權部位卻是大豐收。

股價緩漲急跌，獲利速度誘人

在5個交易日裡，宏達電的跌幅高達了20%，其中宏達電的某檔認購權證跌幅更是驚人，在當年6月20日到期，亦即距到期日只剩不到1週，該檔認購權證從3.46元跌到了0.03元，1張價格從3,400元的高級雙人牛排券變成了30元的關東煮；而6月22日到期的另1檔權證由9.41元跌到了1.2元；當時最高價的權王由69.5元跌到了17.8元。由此可見，快到期的權證風險相當高，沒即時停損的投資人，光在這幾檔虧損少說7成，多則達9成9，萬一資金控管不慎的話，單壓同一檔，大概在這5天就領了畢業證書了。

相對的，若在這5天持有認售權證的投資人，笑得可開

心了，某1檔認售權證由0.01元漲至0.32元，漲幅高達31倍，另1檔認售權證由0.01元漲至0.27元，某檔較高價的認售權證也由2.9元漲至11.7元，認售權證獲利的速度相當驚人，主因在於股價通常緩漲急跌，宏達電從2011年2月初的999純金價位，緩升至1,300元，花了將近3個月的時間，但跌下來只花了5天，5天就跌回到997元。

利多大漲，承接傷心人賣的認售權證

還有一個時機點可以買進認售權證獲利，那就是利多大漲，認購、認售權證的價格都不合理的時候，當漲停不再，低接的認售權證就容易獲利。

一樣以宏達電為例。在2017年下半年，宏達電宣布以11億美元的代價，將代工部門賣給Google，且授權智慧財產後的隔天（2017.09.22）， 股價一開盤就跳空開高鎖漲停直到收盤，當天盤中委買張數高達30多萬張，收盤前剩下約28萬張，小哥當天也去掛漲停價追買。

當小哥買到現股後，就準備來買宏達電的認售權證。讀

者可能會很納悶，這天大的利多，不是該買認購權證嗎？
怎麼會去買認售權證？

因為根據多年經驗，當天開盤，宏達電的認購權證一定
漲翻天，價格會漲到非常不合理的地步。雖然當天買宏達
電認購權證到收盤時的未實現損益，可能會因為被其他投
資人瘋狂追價而很漂亮，但是，只要隔天宏達電現股沒有
漲停鎖死，認購權證就很容易被打回原形、回歸合理價
格，即使現股還是大漲，賣掉權證後的損益可能會很難
看。

反而是認售權證在利多發布的這天，會有很便宜的價格
可以買進，因為發行商在股票漲停板時，不會掛認售權證
的委買價，所以這時候會有很多傷心人的賣單，此時反而
有機會可以撿到很多便宜貨！

我們來看一下2017年9月22日認購權證的狀況。因為
現貨買不到，所以權證漲幅超過10倍的比比皆是。你沒
看錯，對，不是10%，是10倍！其中宏達電元大6A購01
（已下市）這檔權證的漲幅，居然高達5,100%，也就是
漲了51倍（詳見圖1）！

圖1 宏達電利多發布隔天，認購權證最高漲51倍

資料來源：挑選權證小幫手

　　在前1個交易日，宏達電元大6A購01的股價才0.02元，1張只要20元，卻在1天之內暴漲到1.04元，1張從20元變成1,040元，這真是個超級大樂透權證，這就是小哥所說，很多投資人瘋狂追價買進認購權證所致，而這種權證的報價，很容易會有價格嚴重失真的問題。從圖2可以發現，宏達電元大6A購01之前的隱波率，大約穩定維持在55%左右，而當天權證的隱波率卻被追到150%，到了極度不合理的地步。

　　如果我們將該檔權證的隱波率改成55%試算後會發現，

當宏達電股價76.2元時（2017.09.22），宏達電現股漲停價），權證的理論價也才0.15元，這1.04元的價格顯然被追高太多，而這1.04元的價格，大概相當於現股在2017年9月26日必須要漲到90元（當天收盤價為78元，最高價為83.7元）。

也就是說，宏達電必須再漲個18%，這檔認購權證的合理價格才會到1.04元，但投資人是瘋狂的，9月22日買進宏達電元大6A購01的人，只要再隔一個交易日、即9月25日出貨給更高價買進的人就行了，而這個瘋狂的價格，在宏達電的股價漲停敲開前，就會大幅崩落。

果不其然，在9月25日，宏達電跳空開高，但沒有鎖漲停，終場上漲6.3%，而這檔權證的報價終場就跌了68%。小哥統計，9月25日宏達電的認購權證中，有交易的檔數為116檔，其中28檔上漲、66檔下跌，其餘平盤，而跌幅最高的權證達89%，跌幅30%以上的權證達25檔，當天所有宏達電認購權證的平均跌幅是14.4%。各位投資人可別忘了，當天宏達電的現股是大漲6.3%！

而宏達電的認售權證，9月25日有交易的檔數有

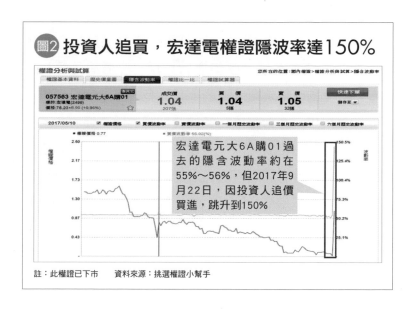

圖2 投資人追買，宏達電權證隱波率達150%

註：此權證已下市　　資料來源：挑選權證小幫手

60檔，其中17檔上漲，15檔下跌，其餘平盤，其中
認售權證漲幅最高的達73％，當天所有宏達電認售
權證平均漲幅3.3％。這結果都是因為前1個交易日
（2017.09.22），認購權證被追太高、認售權證被砍太
凶所致。

讀者千萬記得，在大事件時，如果要買權證，一定要算
出合理價格，這樣才不會買到很難賺錢、容易賠錢的權
證。

　　以上這些案例告訴我們，做股票不能老是只有多方思考，因為景氣有循環，股價亦有循環，股價總是領先指標，市場上的價格永遠是對的，只有多方思考的投資人，在空頭格局中，將會賠掉在多頭時期賺的所有獲利，若持有認購權證不想停損之際，可以考慮買點高槓桿的認售權證避險，因為持有認購權證再怎麼賠也是歸零，但買到好的認售權證可以漲到20～30倍，所以花點小錢買個保險吧！

　　順便提醒，像宏達電這類的權證太熱賣了，所以有多檔權證發行商均完全釋出，價格較易失真，建議投資人買權證時得多觀察內外盤，價差愈小愈好，買賣盤的數字愈固定愈好，例如都同樣是495張，這種就是發行商的電腦掛單，這樣才不會買到價格不合理的權證。

　　最好的方法是要打開小哥的「挑選權證小幫手」軟體，看看右下角的委買隱波率圖（詳見圖3），是否突然拉高，若是拉高太多的話，這檔權證就是高估了，2019年國際中橡（2104）的認購權證中橡凱基8B購01（040143），就由市場某分點先買光後，把權證價格拉高造市自己掛買賣單，由於賣的時間剛好是除權前1天，

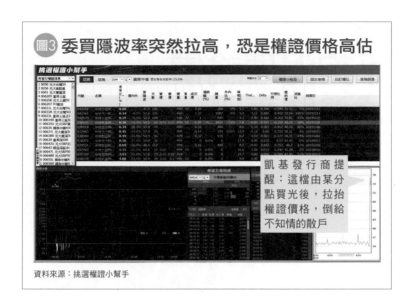

資料來源：挑選權證小幫手

市場上很多人會想買，因此有些人就受騙了，凱基發行商還特別傳訊給小哥，希望小哥可以跟粉絲們說，可別被這檔給騙了，剛好也是在群組的學員就上了當，若是能在買之前，多查詢一下隱波率，就不會有這種憾事發生了！

4-6
不拘泥理論價
才能賺更大

在2018年9月有個很特殊的案例，當時報傳：康友（康友-KY（6452））董事長兼總經理黃文烈9月減少133張持股，估計套現5,000萬元，未見其申報轉讓持股。

法人表示，依規定，大股東、董監事及內部人，若要賣股須事先公告，並於公告日起算第3個交易日才可在市場賣出，但若每天在市場賣出10張以內不用申讓，因此，黃文烈不排除是9月悄悄在市場每天幾張、幾張賣出，引起市場側目。

依公開資訊觀測站公告，黃文烈8月持股3,823張，9月小幅降為3,690張，持股比率4.73%，月減133張；

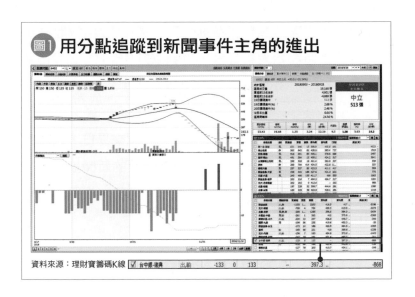

圖1 用分點追蹤到新聞事件主角的進出

資料來源：理財寶籌碼K線

到9月底止，黃文烈股票質押1,672張、占比45.3%。當
小哥看到這則新聞後，就從籌碼K線找尋看是哪個分點在
9月每天賣10張以內，且賣超總張數約133張的，發現在
台中銀某分點，剛好在9月賣超133張（詳見圖1），而
且不只9月這樣賣，連10月也連續賣超！

從盤中全方位監控，觀察主力動作

　　再深入研究後發現，康友-KY不只股票出貨，連波段權
證也有出貨痕跡，應用了小哥的「玩家大戶大搜密」軟

體中發現：元富證券有個關鍵分點，是在康友-KY股價至400元附近時開始大買權證，直到2018年10月19日當天，康友-KY創538元新高價時出清權證！

這一天很剛好的是康友-KY崩盤的前1個交易日，因為當投資人發現董事長賣股票，相關申報轉讓的新聞披露後，對這家公司的投資信心就會相當脆弱，任何一根跌停都會引爆後續的賣壓。

在康友-KY連跌3天後，小哥在課堂上就跟學員講，這檔股票後續可能會有違約交割的問題，因為若是在第1根跌停前用融資買股票，在第3根跌停時就會收到融資追繳，還沒付交割款就被追繳，很容易讓投資人乾脆不交割，而不交割更會引爆接續的斷頭賣壓，於是康友-KY就連續跌停14天，直到出現了認售權證大賣的訊號！

當天小哥的群組裡，還有學員認為康友-KY會跌到2位數，小哥就跟學員說：「低點不遠」，因為小哥在盤中就看到了主力大賣康友-KY認售權證。而認售權證是看空這檔股票的衍生性金融商品，主力是在康友-KY跌停第3天時進場買認售權證，而在跌停第14天時大量出場，這可以

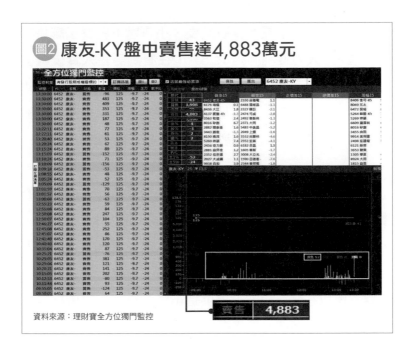

圖2 康友-KY盤中賣售達4,883萬元

資料來源：理財寶全方位獨門監控

從盤中的全方位監控看得出來。

　而雖然康友-KY當天盤中的賣售金額高達了4,883萬元（詳見圖2），但此時康友-KY還是一價到底跌停鎖死，委賣尚有2萬多張！待晚上研究主力收購表後，更發現凱基證券某分點在當天大賺1,000萬元走人（詳見圖3）！小哥當時就認為：下個交易日，很可能就是康友-KY反彈開始的日子！

在看到康友董事長大賣股票後，小哥當下就買了認售權證，短短3天內獲利高達468%，在看到認售大賣後，小哥反手大買了認購，在短短3天內獲利更高達832%，此時坊間一堆人勸告投資人切勿買進權證，因為這些權證都高估了，買賣雙方都只剩散戶，不見發行商的造市買盤！

這論點的確沒錯，但太執著這論點，反而會失去獲利的機會，因為在康友-KY跌停鎖死的時候，康友-KY股票的流動性出了問題，此時權證的隱波率本來就會飆高，這是因為多單持有者，急著找尋避險的管道，市場上就只剩權證可避，所以在發行商沒有提供造市賣盤後，權證價格自然水漲船高，因為價格最終由供需決定。

但在跌停打開後，流動性不成問題的情況下，權證的隱波率就會有相當的跌幅，此時投資人就會看到權證的價格大幅地降低，若對權證不熟的投資人還會認為是發行商的坑殺，其實這是權證自然的現象。

不造市的時機，易導致權證偏離理論價

權證的價格是由市場上的供需決定，當市場沒有流動性

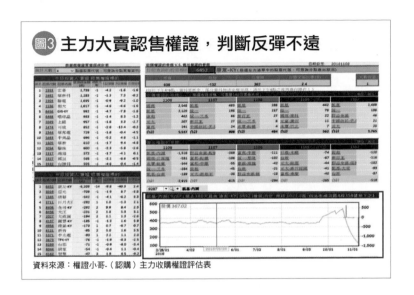

資料來源：權證小哥-（認購）主力收購權證評估表

問題時，發行商可以做很好的造市，權證的價格由幾個參數決定，例如：履約價、行使比例、個股成交價、無風險利率、到期天數及隱波率。

其中很重要的就是「隱波率」，若發行商可以正常造市，隱波率由發行商控制，基本上會呈現穩定的狀態，不過若當個股漲跌停，或者權證理論價低於0.01元時，發行商可以部分不造市，例如漲停不掛認購的賣單、認售的買單；跌停不掛認售的賣單、認購的買單等。而這種不造市的時機，就會造成權證偏離理論價，若個股的流動性出

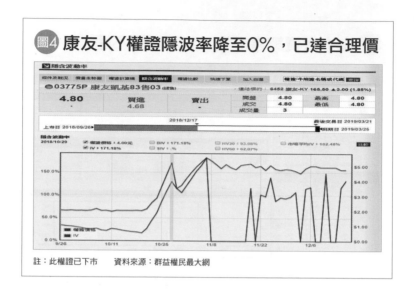

圖4 康友-KY權證隱波率降至0%，已達合理價

註：此權證已下市　　資料來源：群益權民最大網

了問題，持有股票的人只能在權證上面避險，那權證的價格就會有大幅的波動。

　　我們先來研究一下康友-KY認售權證隱波率的變化。康友凱基83售03（已下市），在康友-KY歌舞昇平時，隱波率是穩定的65%左右，在康友-KY開始第6根跌停後，2018年10月29日那天，這檔的隱波率暴增至169%，而在11月8日那天，也就是康友跌停的第14天，權證最高價也來到了5.4元，當時權證價格已經到了合理價格，因為隱波率下降至0%（詳見圖4），從隱波率快速的下降可

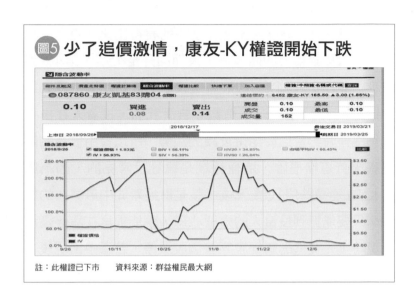

圖5 少了追價激情，康友-KY權證開始下跌

註：此權證已下市　　資料來源：群益權民最大網

以了解，康友-KY的跌停即將打開，果然在隔天（也就是從跌停第1根數來的第15天）就以漲停開出。

再來看康友-KY的認購權證。以康友凱基83購04（已下市）為例，從圖5中可看出，在康友-KY價格穩定時，這檔權證隱波率在穩定的56%左右，等到跌停第1根，下降到48%，第2根跌停時，下降至40%，這類隱波率下跌的權證，小哥將它歸納成傷心的權證，若有在第2根開始買進超低隱波的權證，即便後來康友-KY股價大跌，買認購權證的居然還能賺錢，這種就是賺到了之後的波動率回升。

從這檔在康友-KY第3根跌停時就看得出來，在第3根時，這檔認購權證的隱波率，反而回升至45%，第4根到49%，第5根到54%，隱波率之後居然開始創高，直到第1根漲停時到了234%，這數字告訴我們，投資人在由跌停到漲停時，會過於期待後續的漲勢，所以會用很高的隱波率來買這檔權證，這種行為是瘋狂且常見的，因為康友-KY在連續跌停10幾天後，就是財經新聞中最關注的股票，只要能抓到投資人的這種心態，就能提早在漲停還沒出現時，先買進認購權證等著個股漲停，若漲停出現後，反而要站在賣方，找機會出掉權證。

欲買認購權證，優先挑隱波率最低者

而該買哪些認購權證？小哥建議可以先從隱波率最低的開始下手，因為這些權證早已偏離理論價太多，很多人追買時，可以參考的數據大概就是隱波率，因為隱波率代表這檔權證的價格會不會太高估，所以買進較低隱波率的權證，之後相對比較好脫手。

不過，這種時候買進認購權證，一定要在康友-KY漲停時脫手，因為只要康友-KY漲停一打開，權證的隱波率就

會急速下降，可以從圖5看出，後來康友-KY股票緩步趨堅，但權證價格卻往下掉，這就是因為散戶已經少了追價的激情，追價的激情大概都是出現在V型反轉的時刻，尤其是這種連跌14根跌停，創下台股開放10%漲跌幅以來，有發行權證股票的連續跌停天數紀錄！

所以，當有投資人太執著理論價的論點時，反而會失去獲利的機會，他們想的是沒錯，但若他們在這市場上夠久，就會遇到上回基亞（3176），在2014年時，也有相同類似的狀況。

由此可知，歷史不斷的重演，小哥這次會在市場上賺錢，也是因為上回基亞給小哥的啟示，偶爾在群眾瘋狂的時刻，吃點豆腐，可千萬別太拘泥於理論價的計算，因為價格最終由供需決定！

4-7
樂透權超刺激
別把家當撩落去

我們活在機率的世界，勝率高的重複做，就可以贏錢，但一般人卻偏偏喜歡去做勝率低的賭注，譬如買樂透彩券，難怪老是輸錢。我自己也愛小賭，但我不買樂透彩券，而是經常買快到期的權證來「賭」。

我一般會挑距離到期日只有3～4天的，一次可能買個20萬元。你說這樣太冒險了吧？但是只要選好發行商，這種快到期的權證，本來就是押1賠10的遊戲，偶爾就要賭一賭。

但要記住，玩這種權證就像你買樂透一樣，你絕不會把身上全部的錢都拿去買樂透吧？如果你身上只有20萬元，就算勝率是99%，你都不能這樣玩，因為只要出現那

1%，你就掛了，只能退出市場。

尤其是，你絕對不能拿什麼結婚基金、子女教育基金來賭，要不然輸光了，你怪權證或是發行商害你沒娶到老婆，一輩子光棍，可是沒有人會同情你的。

快到期的權證風險真的很高，很可能歸零，但這是一種「期望值」賭法，你最多賠1倍，就是本金歸零，但如果賭對了就是3倍、5倍的報酬。賭對一次贏5倍來算，賭5次、贏1次就夠本，若是100次裡有30次贏，總結就是賺。

挑選價平、低隱波率、快到期權證

買這種快到期的樂透權，也是有訣竅的，一定要是買價平附近，低隱波的，槓桿倍數大。發行商每次上課都說，千萬不要買快到期的權證，很危險；這背後的意義是什麼？你們千萬不要買，因為我們會很危險。因為發行商避險不容易，當然不希望投資人進來買快到期的。

我買這類權證的例子不勝枚舉，但我想舉一個2009

年底的例子，當時有如神助。那是一檔鈊象（3293）的權證，因為它價平、隱波率低、快到期，我就在0.19元、0.2元的價位買了一堆（詳見圖1），隔天居然看到〈鈊象　坐穩遊戲獲利王〉這則新聞，鈊象帶量跳空大漲8元，盤中最高漲了17元，漲幅6.97%，也就是漲停板（編按：當時漲跌幅限制為7%）。不過這個記者我不認識喔，絕對沒有勾結。

那天我上班真開心，眼睛都閃爍著黃金的光芒，隔天這檔權證賣出1.17元，第2天甚至部分賣在1.42元（詳見圖2），共賺了198萬元，後來權證漲到快2元才停住。

> **鈊象 坐穩遊戲獲利王**
>
> 【經濟日報／記者王皓正／台北報導】 2009.12.23 02:28 am
>
> 遊戲大廠鈊象（3293）今年營收與獲利同步創新高，預估今年每股稅後純益達18.1元，超越網龍（3083），坐穩遊戲獲利王寶座。展望明年，由於在新興市場業務可望大幅成長兩成五，獲利將逾兩個股本。

圖1 在0.19元、0.2元價位，大單買鈊象權證

委託日期	股票	代號	成交股數	單價	類別	價金	手續費	交易稅	利息	淨收付
98/12/21	永昌U2	72151	50,000	.24	普買	12,000	20			-12,020
98/12/21	永昌U2	72151	5,000	.24	普買	1,200	20			-1,220
98/12/21	永昌U2	72151	99,000	.19	普買	18,810	26			-18,836
98/12/21	永昌U2	72151	91,000	.19	普買	17,290	24			-17,314
98/12/21	永昌U2	72151	99,000	.20	普買	19,800	28			-19,828
98/12/21	永昌U2	72151	85,000	.20	普買	17,000	24			-17,024
98/12/21	永昌U2	72151	99,000	.19	普買	18,810	26			-18,836
98/12/21	永昌U2	72151	99,000	.19	普買	18,810	26			-18,836
98/12/21	永昌U2	72151	26,000	.19	普買	4,940	20			-4,960

資料來源：新光證券

圖2 在1.17元、1.42元賣鈊象權證，賺198萬

客戶帳號： ▼　委託日期：98 ▼ 年 12 ▼ 月 23 ▼ 日　至：98 ▼ 年 12 ▼ 月 29 ▼ 日
股　票：72151　顯示：明細 ▼　筆數：300筆 ▼ 查詢

已實現總損益：1,983,168 報酬率：200.43%

委託日期	股票	代號	成交股數	單價	類別	價金	手續費	交易稅	利息	淨收付	損益	報酬率(%)
98/12/24	永昌U2	72151	99,000	1.17	普賣	115,830	165	115		115,550	74,902	64.82
98/12/24	永昌U2	72151	38,000	1.17	普賣	44,460	63	44		44,353	28,752	64.83
98/12/24	永昌U2	72151	99,000	1.42	普賣	140,580	200	140		140,240	99,593	71.02
98/12/24	永昌U2	72151	77,000	1.42	普賣	109,340	155	109		109,076	77,461	71.02
98/12/24	永昌U2	72151	99,000	1.41	普賣	139,590	198	139		139,253	98,606	70.81
98/12/24	永昌U2	72151	67,000	1.41	普賣	94,470	134	94		94,242	66,734	70.81
98/12/24	永昌U2	72151	30,000	1.17	普賣	35,100	50	35		35,015	22,698	64.82
98/12/25	永昌U2	72151	99,000	1.14	普賣	112,860	160	112		112,588	87,155	77.41
98/12/25	永昌U2	72151	39,000	1.14	普賣	44,460	63	44		44,353	34,980	78.87
98/12/25	永昌U2	72151	10,000	1.01	普賣	10,100	22	10		10,144	14,570	36.15

資料來源：新光證券

香港人賭性堅強，特愛仙輪、末日輪

我買權證一向是安全第1，槓桿第2，這類樂透權買法，只是我策略中的一小部分。

不過在香港，很多散戶通常槓桿第1，安全第2，他們特愛賭，所以最喜歡兩種輪（權證英文為Warrant，中文直譯為「窩輪」），一是「仙輪」，就是0.01元，英文1「Cent」，二是「末日輪」，就是那種快到期的，或是牛熊證裡面那種特別靠近界限價的。

因為這兩種權證都是槓桿很大的，你的風險和報酬比並不是1比1，只要你的風險報酬比大於1的時候，代表你冒1單位的風險所得報酬高於1單位，就值得一賭，香港人特愛這種，只要賭對，就是倍數的報酬。不過現在台灣是很多人還不熟這樣的玩法，這種玩法很適合賭性堅強的。

不過我不曉得香港發行商會不會黑心，要是他發現很多人進來買像牛熊證這種有界限價的，只要輕易動個手腳，做一下現股的價格，就可以把投資人全部掃出場，然後把往後的利息全部一次拿走。

　　所謂全部的利息，就是發行商所謂的財務費用，在牛熊證發行時，就把這些財務費用加上去的。如果牛熊證觸及界限價，買進的投資人強迫結算，發行商就可以拿走這些利息。我相信台灣若有很多人進來牛熊證市場之後，一定會有爛發行商有做價的小動作。

4-8
搭上主力列車
想不賺也難

很多人是為了想參與股票的上漲，從挑選股票開始，然後找權證買進。但是我每天會做一些功課，單純看哪些權證被大戶不計價地全部吸走，就我來看，這些很可能是大戶事先知道有哪些好消息、股價會先動，所以想神不知鬼不覺地到權證市場裡掃貨。

大咖有內線，恬恬吃3碗公

我一直深信，權證市場可看出內線在哪裡，像國巨（2327）要公開收購前，權證被很多人買掉，碰到這種狀況，發行商也夠狠，在收購價出來後就調降隱波，讓這些人也沒賺到，不過最倒楣是那些沒有內線、卻持有國巨認購權證的人，因為這本來是他們應該賺的，卻沒賺到。

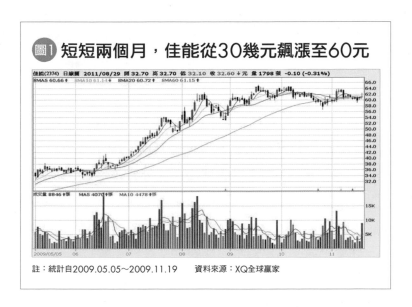

圖1 短短兩個月，佳能從30幾元飆漲至60元

註：統計自2009.05.05～2009.11.19　　資料來源：XQ全球贏家

有內線的人，或是可以「推估」個股波段走勢的人，利用權證可以賺得比買股票更大。我記得2009年6月，有人在市場上狂買佳能（2374）的權證，買進的金額高達3,000萬元，大概買了3、4檔，市場上的佳能權證幾乎都被掃光，自營商為了避險，當然只好去買現股，造成佳能現股一度被拉到漲停板。

通常大家會把權證當成短線的工具，但我看了隔幾天資料，這個狂掃佳能權證的主力並沒有賣出權證。結果2個月後，佳能從30幾元漲到60元（詳見圖1），這個大戶

只花3,000萬元,2個月就變1億2,000萬元,等於翻成4倍,很驚人。而自營商買佳能現股,也小賺了一點。

還有一個例子,就是中概通路股的領頭指標潤泰全(2915),2010年走了風光的10個月,直到11月股價才回檔。股價休息近3個月後,在外資一片看好之下,2011年2月又從60.5元大漲至4月底的86元,漲幅高達4成,雖然短線漲幅已高,外資的買盤依然不斷,5月多來,不管潤泰全技術線型有多難看,總計加碼1萬餘張。

但是,不管是人生中,還是股票中,最重要的就是這個「但是」。在5月初,某個在群益開戶的大咖已經悄悄大布局潤泰全的認售權證,即便潤泰全利多不斷,外資買盤積極,這個大咖買進元大N4(已下市)約5,000張,均價0.6元,元大XP(已下市)約4,500張,均價0.7元,凱基21(已下市)買了3,000張,均價1.1元,凱基8X(已下市)小買700張,均價1元。

粗估成本花了約1,000萬元,之後,潤泰全自2011年5月中開始起跌(詳見圖2),我幫他算了一下,最後大概賺了2,000萬、3,000萬元。

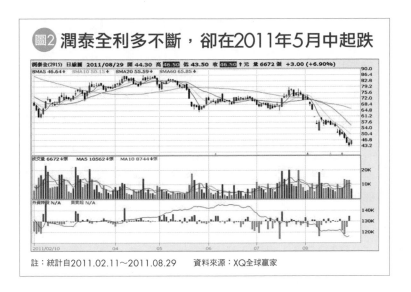

圖2 潤泰全利多不斷，卻在2011年5月中起跌

註：統計自2011.02.11～2011.08.29　　資料來源：XQ全球贏家

　　在潤泰全5月中起跌的過程中，外資算是最大的輸家，期間還一直加碼，本土投信則大砍萬餘張，潤泰全此役算是本土投信大軍外加權證義和團大勝八國聯軍的最佳案例。外資一直到6月底、7月才開始調節該檔股票。

　　還有1檔，印刷電路板（PCB）的華通（2313），因為其HDI板產能被市場看好，並獲麥格理為主的外資券商強力加碼，使華通的股價於2010年11月19日的11元，至2011年1月7日為止衝高突破20元，大漲逾9元，買現股的獲利達8成。

　　神奇的是，某主力大戶已於2010年11月19日布局華通為標的股的認購權證將近7,000張，當時權證還不到1元，並於2011年1月6日賣出均價約7.3元，每張獲利超過6,000元，光這檔權證賺了將近4,000萬、5,000萬元，成本卻不到700萬元，獲利將近8倍，權證的槓桿效果之大，由這檔可見。對於這位高手買點之好，小哥也由衷佩服。

　　在2010年11月19日主力大買權證，發行商賣超了7,000多張，並在市場上避險買股票，可見華通當天自營商是大買超，2011年1月6日投資人大賣權證，發行商買超權證，並在市場上大賣原來避險的華通股票。我盤中看到這個情況，當下就有想放空華通的念頭，因為主力大咖跑掉了，果不其然，華通之後走勢甚為疲軟。

流通在外張數多，其中必有蹊蹺

　　寫到這裡，一定有很多粉絲想問，到2019年為止，還有沒有大咖在權證市場大買，之後股價會反映？答案是有的！這種人小哥就定義為權證老司機，而老司機的分點在哪，請原諒小哥沒法在書上寫出來，因為一旦寫出

來，這老司機可能就會消失了，各位只要多關注小哥的Line@（可搜尋Line ID：「@m168」），有出現籌碼異常的話，小哥就會通知各位！

由權證看現股的道理，就像從期貨看大盤，外資若在期貨大留多單，則台股後市可期；大戶在權證大留倉，則股票後市也可期。股票世界最重要的是籌碼，籌碼在大戶手中，股價要跌也難；籌碼都在散戶手裡，股票大漲就難。

萬般無奈「沒想到」，史上最貴「歸零膏」

是否主力大戶大買一定都大賺呢？據小哥多次觀察，也有大戶一路攤平聯發科（2454）的權證，直到躺平，虧損數千萬元，所以想跟單的，請一定得設好停損，切忌加碼攤平，長期而言，會大賺小賠。

我再舉一個非常有名的例子——英格爾（8287）。這檔股票在大漲前，權證就被市場買光了，不管多貴都有人買，隱波率150%都有人買。所謂貴，就是同樣價位的股票、履約價跟行使比例下，英格爾的權證賣的價格大概都是其他標的的數倍，重點是它的權證貴雖貴，還賣得非常

好，有1檔權證釋出高達1萬5,000多張，高點5.4元，後來跌到剩1元，即便只剩1元，小哥覺得還是很貴。

權證的貴不貴不是看價格，有些權證0.01元也嫌貴，有些權證賣70元還算便宜，這都要看內含價值與時間價值而定，內含價值有10元的，發行商掛委買9元去收回就叫沒良心，時間價值得看隱波率而定，這檔股票歷史隱波率沒超過60%，但一堆人買150%的隱波率，可見投資人對這家公司的信心實在是太充足了，導致發行商怎樣賣貴，投資人都無所謂，閉著眼睛買就對。

所以當英格爾認購權證一路漲，這代表大家對英格爾的期待都非常高，當時新聞說這家公司跟普天集團的合作案對其貢獻有多大，我對產業面並沒那麼熟悉，不過卻對英格爾的權證相當感興趣。

在英格爾幾檔認購權證裡，有1檔701056（已下市），最高曾經飆到一股83元，但1個月後到期履約價是174元，只要股價沒有站上174元，權證沒有履約價值，所以就是從83元全部歸零。結果，2011年4月中旬，檢方搜索英格爾董座的新聞見報後，當時股價在200元附近

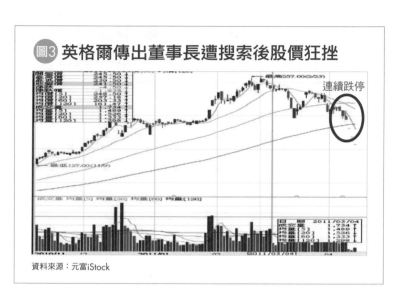

圖3 英格爾傳出董事長遭搜索後股價狂挫

連續跌停

資料來源：元富iStock

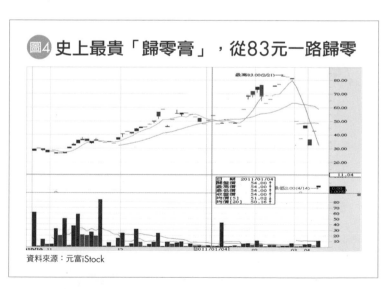

圖4 史上最貴「歸零膏」，從83元一路歸零

資料來源：元富iStock

的英格爾，連續數日都是開盤就跌停（詳見圖3），且跌停委賣張數是成交張數的好幾倍，權證也一堆跌停，重點是跌停也賣不掉，畢竟權證價格被炒得太高了。10個交易日後，英格爾已跌至115.5元，而這檔701056，最後也成為史上最貴「歸零膏」的權證（詳見圖4）。

投資的世界裡，最貴的就是這3個字「沒想到」。像英格爾這樣狂跌的權證，我建議新手投資人千萬不要急著搶進，畢竟只剩散戶在裡面買，發行商的委買單大多已經掛得很低了，因為不曉得它還會跌到什麼地方去。

沒想到

演唱：黃嘉千　作詞：陸泓宇/鄭淑妃　作曲：陳傑洲
編曲：Jenny Chin　改編：小哥

股票的世界漲跌難預料，最害怕我會套牢
股價之間是否那麼看好，已不是那麼重要
盤已無可救藥
明知道你對她喊得很高
明知道我卻還迷戀你的目標
賣不掉　當初我買得太高

你是否還能記得一些記得多少
早知道　我不該白白消耗
我的摳摳和唯一的驕傲
揮不掉　眼淚還留在眼角
我認真問我自己到底該不該拋
你的笑　我已無力再計較
早應該相信消息難依靠
我真的　沒想到

股票的世界是非難預料，最害怕我會遇到
營收之間是否會被看好，已不是那麼重要
我已無可救藥
明知道隱波賣得非常高
明知道我卻還迷戀您的目標
賣不掉　當初我買得太高
你是否還能記得一些記得多少
早知道　我不該白白消耗
我的摳摳和唯一的驕傲
揮不掉　眼淚還留在眼角
我認真問我自己到底該不該拋
你的笑　我已無力再計較
早應該相信消息難依靠
我真的　想都沒想到

4-9
外資權證三寶
持有部位不宜多

權證市場在2018年初出現了一個大變化,就是外資進來大買權證!且是買了擺很長久的長線波段單,這種波段權證在權證圈中非常少見,因為在權證交易裡,大部分都是短線,波段大戶出現不是大勝就是大敗,而大敗的案例還挺常見。

例如最慘的樂陞(已下市)波段大戶,小哥強烈懷疑:因為樂陞波段權證大戶賠大錢,所以才有之後的假收購、真詐騙的事件。之前寶盛證券分點大戶大買大同(2371)的認購權證,本來以為他會跟之前的波段大戶一樣大賠,想不到2017年11月中旬過後,大同大漲,原本寶盛大賠的認購權證部位,變成了大賺,重點是這段大漲過程中,看不到什麼大的利多新聞,反而常看見利空新

聞，這種漲法還真的挺少見！

　　而在２０１８年初，外資狂買３檔標的的認購權證，俗稱「外資權證三寶」，就是晶電（２４４８）、旺宏（２３３７）跟神盾（６４６２）。由於外資買的金額太大，所以發行商釋出的權證相當多。

發行商以Delta避險，成為追高殺低角色

　　小哥在這邊先幫大家複習一下「Delta」這個參數，Delta這參數的意義是：現股漲1元，權證就會漲Delta元，也就是發行商的避險張數，但是因為Delta並非線性參數，而是曲線參數，特性是當股票愈漲愈多時，Delta會愈來愈大。

　　我們以晶電的認購權證為例，小哥找了1檔在外流通量最大的晶電認購權證：晶電統一74購03（已下市），再用凱基權證網的「權證試算」，情境分析如下：標的股價從49元漲到50元，漲了1元時，權證的理論價從0.87元漲到0.94元（詳見圖1），漲了0.07元；但是當標的股價從52.4元漲到53.4元時，權證的理論價從1.11元漲到

1.19元，漲了0.08元；當標的股價從45.2元跌到44.2元時，權證理論價從0.63元跌到0.57元，跌了0.06元。

　　Delta參數也是發行商的避險比例，這檔權證若賣出3萬張，在股價49元時，Delta值為0.07，發行商得買2,100張股票（3萬張×0.07）避險；當股票跌到45元時，Delta值為0.06，發行商得買1,800張股票（3萬張×0.06）避險，比在49元時少了300張股票；若股價漲到52.4元，Delta值為0.08，發行商手上得持有2,400張股票（3萬張×0.08）避險，比在49元時多了300張。

　　結論就是：當股價上漲時，若發行商有釋出權證，發行商得繼續買股票；若股價下跌時，發行商得繼續賣股票，發行商就成為一個追高殺低的角色。

　　在2017年12月18日，小哥對這3檔權證的參數有做個統計，可以讓讀者們理解權證對個股的影響。

晶電》

　　晶電的認購權證檔數有139檔，總共賣出權證51萬5,148張，根據所有認購權證的Delta值算出來，發行商

圖1 Delta值因股票愈漲愈多而變大

當晶電從49元漲到50元，權證的理論價會漲0.07元，Delta值為0.07元；當晶電從52.4元漲到53.4元時，權證的理論價會漲0.08元，Delta值為0.08元。Delta值為券商避險張數，當標的股價愈漲愈高，避險張數增加愈多

資料來源：凱基權證網

需要買進2萬8,721張現股避險；晶電的認售權證檔數有29檔，根據所有認售權證的Delta值算出來，避險張數是-511張，兩者相加為2萬8,210張。

這2萬8,210張約莫就是自營商需要買進的避險張數，因為晶電還有發行股票期貨，所以自營商避險的張數還會受到股票期貨的影響。而實際上，自營商的避險部位這2

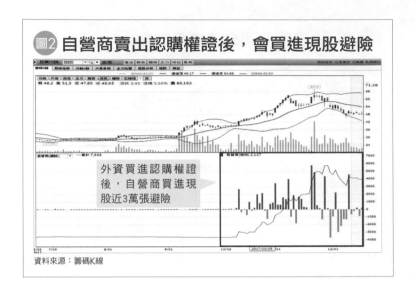

圖2 自營商賣出認購權證後，會買進現股避險

外資買進認購權證
後，自營商買進現
股近3萬張避險

資料來源：籌碼K線

個月大增了2萬9,563張（詳見圖2），這自營商的避險
部位，還包括期貨的看多部位，跟算出來的數據相差不
多。

旺宏》

旺宏在當時的認購權證檔數有182檔，總共賣出權證
100萬6,625張，所有認購權證的Delta值算出來，需買
進現股張數為5萬9,959張；旺宏的認售權證檔數有42
檔，所有認售權證的Delta值算出來為-980張，兩者相加
為5萬8,979張。

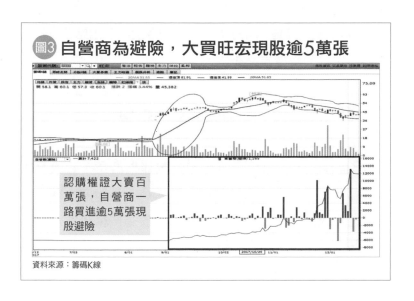

圖3 自營商為避險，大買旺宏現股逾5萬張

認購權證大賣百萬張，自營商一路買進逾5萬張現股避險

資料來源：籌碼K線

　　這5萬8,979張約莫就是自營商的避險張數，實際上，自營商的避險部位3個月大增了5萬6,527張（詳見圖3），這自營商的避險部位跟算出來的數據也接近。

神盾》

　　在當時，神盾的認購權證檔數有52檔，總共賣出權證33萬540張，所有認購權證的Delta值算出來，需買進現股張數為4,466張；神盾的認售權證檔數有9檔，所有認售權證的Delta值算出來為-124張，兩者相加為4,342張。這4,342張約莫就是自營商的避險張數，實際上，自

營商的避險部位這2個月增加了3,453張（詳見圖4），亦與算出來的數據差異不大。

「外資權證三寶」走勢受自營商影響

這3檔標的中，自營商避險的張數都相當多，若股票大漲，當天自營商避險張數就會呈現大買；若股票大跌，當天自營商避險張數就會呈現大賣！由於這些權證並沒有短線進出，所以自營商賺時間價值賺得很開心，但小哥認為，即便這段時間可以大賺時間價值，但只要一個大的利多或利空新聞，讓這3檔股票開盤漲停或跌停的話，自營商將會面臨大額的虧損，因為大型利多若造成股票開盤漲停鎖死，這時候自營商避險張數不足，只好等待隔天再補，若隔天補買，就會面臨買在高價的狀況，而在日後產生鉅額虧損。

所以，若類似情況發生，股票可能會連續2天大漲，第1天是多方投資人看到新聞的追價、第2天是自營商被迫買進避險的追價，所以這3檔外資權證三寶，小哥都會建議學員們，持股部位不要太大，因為在自營商追高殺低下，個股容易會有很大的波動！同理，未來若有其他權證

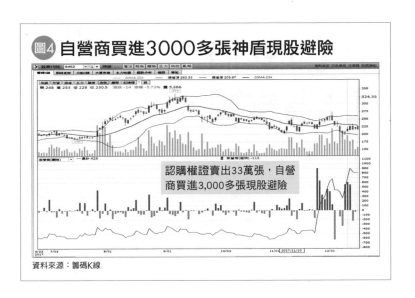

圖4 自營商買進3000多張神盾現股避險

認購權證賣出33萬張，自營商買進3,000多張現股避險

資料來源：籌碼K線

出現長波段單，不論是外資或大戶進場買的，投資人還是得嚴設停損、停利點，畢竟大戶有錢賠，我們可沒有！

4-10
計算期望值
瘋比賽拿獎金

市場上的權證比賽我都非常注意，在2009～2010年，這些獎金是我收入很大的一部分，之後的比賽都改成抽獎了。參加台灣權王第1屆比賽時，每個星期都有一張3萬元的支票寄到家裡來，我老婆特別開心，她說：「你賺了多少錢我都不知道，但只有這個我看得到。」

每次券商公布遊戲規則和獎項時，我會去計算期望值，看要花多少錢去贏得那個獎金或獎品，評估值不值得參加。過去的比賽有時是衝量就拿獎金，有時是比報酬率高，比報酬率時你就不能買太多，策略會完全不一樣。

單純比量的時候，我會專買中華電（2412）和台達電（2308）這類的權證，因為它們的歷史波動率低，權證賣得很便宜，有時中華電只要漲0.1元，我的權證就可以

獲利。

　　像元大證券2010年3～5月舉辦「權證大富翁」比賽，就是比交易量。但如果交易量大卻賠錢，那絕對不划算，於是我去研究元大權證中，哪些權證比較不會賠錢。

　　我因此發現了台達電，因為它的股價很穩，很長一段時間在100元上下波動，如果是買股票很難賺到錢，假設它報價是委買100元、委賣100.5元，你要內盤價買、外盤價賣，排隊要排很久。但我就靠著其中的權證波動來做價差，2010年3月份我光靠台達電的權證就衝了3,000萬元的業績，當年就拿到買冠王獎了，現在都沒有這麼好玩的權證了，畢竟這樣衝，發行商要獲利很難。

小心偷雞不著蝕了米

　　比賽時會看到很多特殊有趣的人和事，大忌則是偷雞不著還蝕了米，獎金還不夠你權證賠的。

　　我看過一個投資人，花500萬元去買一檔權證，賺了20萬元的獎金，但遇到標的股票開始盤跌，結果這500

萬元最後幾乎歸零，真是得不償失。他所犯的錯誤就是，把同一檔權證的籌碼都買完了，這樣發行商可以不理會你，買、賣單都不掛了。

還有一次，在參加第1屆台灣權王比賽時，買冠王一連要比賽26週，我自己盤算應該可以有個完美的紀錄，拿下26週的週冠軍。

有個星期四，我已領先第2名1,000多萬元，因為星期五要出國，我就沒再買什麼，但隔週一回來，看到一個兆豐證券客戶單日買1,000多萬元了，把我超越，而且連續2週，我都是被這個人幹掉，讓我徒留遺憾。

不過當時他買的是聯發科（2454）權證，他雖然賺了2次獎金，但是因為聯發科之後盤跌了一段時間，後來手上權證也賠得很慘。

Note

4-11
工欲善其事
必先利其器

好的看盤及下單系統很重要，平常我會用元大、群益這兩家券商的系統，可說是各擅勝場。像技術分析我會用元大點金靈環球通系統，「群益權民最大網」的「達人寶典」則是資料非常完整，下單速度很快。

還沒被元大購併前的寶來證券曾經跟我接觸，替我寫了一套「權證小哥」版的權證下單系統，只要在畫面上按「Ctrl」鍵＋「F」鍵，再輸入「+2052」，就會看到這套系統。現在這套系統一樣被併入元大點金靈環球通系統，讀者還是可以使用。

該系統設計的特點是可以即時看到股票和權證的走勢，委買、賣五檔明細，而且連權證賣價、張數都打好了，我

只要輸入股票代號，然後按一個鍵，單子就下去了，按「F1」1次就代表99張，按2次就是198張。

　　除了系統好不好用之外，我很在意手續費。2011年至今（2019年），我平均月成交金額通常都破5億元，所以退佣是我的重點，因此券商的退佣高、介面好，是我最在意的。

贏錢有3本：本錢、本事、本人

　　我花很多時間在研究股票，看權證買、賣超情況。每天早上7點起床坐在電腦前，開始整理昨天買的權證，也看看國際股市收盤狀況、國際財經動態等。

　　例如台積電ADR（美國存託憑證）（TSM.US）在美股收漲3%，早上台積電（2330）若是平盤開出，我就會考慮買；如果美股收高，台股也開高，我會先賣，如果美股收低、台股也開低，我會去選強勢股來買。

　　早上我還會看報紙頭條，比如說友達（2409）接到大訂單，昨天如果買到友達的權證就會先出場，因為凡是見

報的新聞，就會讓我覺得股價表現差不多結束了，有時甚至去買一些認售權證或者找機會空股票期貨。因為經驗告訴我，大部分報紙的利多都是短暫的。

如果一檔股票是受到報紙利多激勵，開平盤或小高，我就會看量，出現量滾量的我會買，但報紙的新聞通常是反指標的機率比較高。

此外，我還會看財經台，聽分析師講台股，有些不肖的分析師講股票，通常都會挑籌碼爛的喊，這時我還會買認售權證，因為通常被講到的股票常常收黑K棒。

晚上我則至少花3個小時在做功課，有時一邊看電視、一邊做功課。看什麼呢？看當天收盤情形、籌碼怎麼變換、主力如何布單、發行商新發行權證有什麼選股邏輯、履約價怎麼設等，藉此看出其中的機會，當你進入權證市場你就會覺得很有趣。有時看累了，我可能轉去看旅遊網或抓娃娃影片當作休息！

我覺得大家要經常去想、去思考，想久了你的勝率就會增加，不要太依靠其他管道，例如報紙，就經常是主力出

貨的管道。漸漸地，報紙我也很少看，只會看看自己有沒有上報，有就剪下來。

我時常跟學員強調，進入投資市場要有3本──本錢、本事、本人。你問我，進權證市場需要多少本錢呢？我會說，只要5萬元就夠。本事、本人比本錢都來得重要，本事當然就是你的一些數理概念，包含邏輯及運算的能力，本人則是要認真做功課。

勤做功課，致勝不二法門

投資大師吉姆・羅傑斯（Jim Rogers）說過，「投資致富的軌跡在於做自己喜歡的事，擁有熱情，願意不斷地學習、做功課，發現別人還沒發現的賺錢機會，這是我永恆不變的投資哲學，跟隨群眾是不會成功的」。

每天晚上小哥都會打開理財寶，做一下籌碼功課：

1.尋找地板股

出現在「地板股」（即地板價的股票）的，隔天殺低、爆量搶反彈，在隔天開高上漲無力獲利了結！

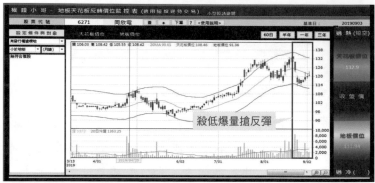

資料來源：權證小哥-地板天花板反轉價位監控表

2.尋找隔日短空股

找尋隔日因權證避險，而有自營商賣壓的個股，可從權證金額高加上自營比（自營商個股買賣超張數占個股成交量的比重）高的去找！

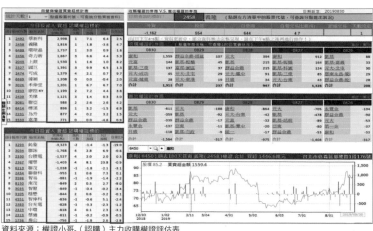

資料來源：權證小哥-（認購）主力收購權證評估表

3.找尋除權息勝率高的標的

從歷年來除權息容易開高標的，去找權證參與除權息。

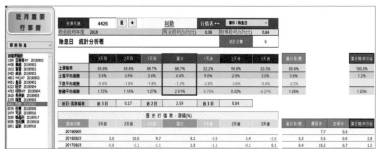

資料來源：權證小哥-個股事件行情大解密

4.找尋主力買賣超個股

從籌碼K線中，去找尋主力買超（尤其關鍵分點買超的）股票做多；找主力賣超（尤其為關鍵分點賣超的）股票放空！

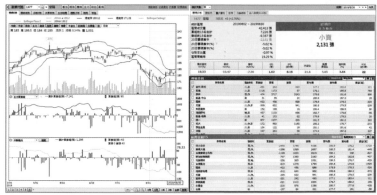

資料來源：籌碼K線

第 5 篇

把握機會，私房錢入袋

賺到除權息行情

如果你是上班族，沒辦法天天看盤，那麼利用一些特殊事件，只要幾天多關注一下股市，就可以賺到不少外快。像是除權息，更是不容錯過。

5-1
用權證除權息
省了股利稅

常有投資人問小哥，有沒有適合上班族，不用盯盤的投資方法？因為他們上班時看盤不方便，但又希望有除了薪水之外的其他收入。我都會建議他們，多空都要做，做多的方法有：找關鍵主力大買股，用權證搶反彈，或在一些特殊事件前先布局權證，尤其是除權息前買權證，參與填權息行情。

我每天都記錄自己的輸贏，如果用月份來看的話，每年的6、7、8、9月，也就是股東會到除權息旺季，再到12月的集團作帳行情，是每年賺最多的月份。

利用權證來參與除權息行情，不會分到實際的股票股利和現金股利，但權證履約價會調降，你可以享有除權息時

股價上漲的好處，且不用繳股利稅，交易成本比股票低。

散戶大戶蜂擁搶錢

簡單地想，如果你有100萬元資金每天在參加除權息，1個月參加20次，你就變成是用2,000萬元來參加除權息，若運氣很好，每次都能順利填權息，以殖利率算4%好了，股利就分到80萬元，你年所得就是80萬元，這樣獲利很恐怖。

不過，以2011年來說，權證除權息不比往年容易操作，比如說星期五除權息交易，很多人星期二開始布局，可能總數1萬張就被買掉4,000張，星期三再被買6,000張，星期四已經完銷了，沒注意到的人星期四去買、等著星期五除權息，其實價格早就失真。2011年情況特別誇張，可能有太多人在權證市場裡玩除權息行情。

因為很多人進來玩，所以發行商在除權息當天調降委買隱波率，或拉大價差的情況，在2011年也相當嚴重。投資人會常常看到除權息當天股價上漲1%～2%，但你買權證還是在平盤的情況。而且不是只有爛發行商會這樣做，

有一些歷史紀錄還算優良的發行商，也統統比照辦理。

我害怕的是，有些公司大股東，也用權證來參與除權息，用來節稅，這樣市場會變化很大。我只能祈禱某些年除權息行情失靈，會讓很多人放棄，以後不玩了。

用牛熊證玩更有利

之前談到，牛熊證沒有降隱波率的問題，發行商能動手腳的就是委買、賣報價差距拉大。所以想用權證玩除權息行情，用牛熊證會比一般權證來得保險。

舉個例子，2011年彰銀（2801）除息交易，我就買寶牛04（已下市），它的行使比例是0.4，亦即彰銀每跳一檔是0.05元，寶牛04就跳0.02元。不過發行商報委買、賣價差是5檔，就是寶牛04至少要漲0.05元（5檔），才能cover（抵付）你的成本，也就是說，彰銀至少要漲0.125元（0.05元／0.4），你才會賺錢。

但是如果你買的是彰銀現股的話，它要漲0.15元（除息前一日收盤價25元×千分之5.8），你才會賺錢，但你

買寶牛04只要漲0.125元就會賺錢。

當然，最大的好處是可以節稅，買寶牛04你沒有實際的現金股利收入，當然就不用繳稅囉！

但是用權證做除權息行情也有缺點，權證的流動性沒有像現股那麼好，而且股票9點鐘開市就可以賣，但權證要等9點5分發行商掛價出來，如果遇到國際金融情勢很糟，造成現股暴跌，情勢不利於你時，權證沒有辦法馬上砍掉停損。

5-2
3大關鍵絕招
參與除權息行情

上班族不方便看盤，又想用投資來增加收入？小哥很常被問這樣的問題，我都會建議他們，最好多空都要做，才能適應各種盤勢。其中，做多的方法有：找出關鍵主力大買的標的，並且用權證搶反彈；或者在一些特殊事件之前，例如除權息，布局權證或股票期貨，以參與填權息行情；又或者用可轉換公司債來參與標的波段行情。

至於做空的方法則有：找出主力在高檔出貨的標的，同樣用權證與股票期貨布局，勝率通常相當高。

免繳股利稅與健保費，回補買盤又會推升股價

為什麼小哥會說在除權息前買權證的勝率特別高呢？因

為大股東們為了避開股利所得稅與二代健保補充保險費（編按：單筆股利收入超過2萬元，將被課徵1.91%的二代健保補充保險費），所以偏好在除權息前賣掉股票，然後等除權息結束後再買回來。

因此，如果投資人在除權息前一天買進權證或股票期貨，隔天一早一旦遇到大股東大舉回補股票的話，通常開盤都會有不錯的獲利。

另外，除權息當天的開盤參考價，都會比前一個交易日的收盤價低，而有些投資人沒有注意到這點，因此很容易在盤前，用高於平盤的價格掛單，因此也容易造成股價開高！

用權證跟股票期貨參與除權息，是不需要繳納股利所得稅，也不用被扣二代健保補充保險費，再加上勝率又高，因此用權證與股票期貨參與除權息，是每年6月到9月投資人的重頭大戲。

舉例來説，鴻海（2317）的除權息行情，在2010年至2019年間，有9次是開高，而這9次都是收紅K棒，重

點是報酬率也很不錯。這是因為鴻海的大股東有種慣性，喜歡在它除權息前賣股，除權息當天再買回，因此鴻海除權息當天的股價很容易出現大漲，從鴻海2014年填權息行情，就可以發現公司大股東的實力有多雄厚了。

2014年8月28日，鴻海在除權息當天，開盤就大漲2.1%（詳見圖1），而盤中大股東也瘋狂回補多單；另一方面，權證投資人前一天也大買逾2億元的權證，目的就是賭鴻海的除權息行情，因此除權息當天盤勢開高後，就大量獲利了結，促使自營商必須把前一天買入的避險部位賣出，等於是大股東和自營商兩方多空對決，最後鴻海還是大漲逾3.7%，足見大股東回補籌碼的需求極大。

那一天盤後，有投資朋友在臉書粉絲團留言給小哥，說他在鴻海除權息前布局權證，結果賺了43%！看到大家賺錢，小哥當然挺開心，不過，這幾年的除權息行情就不若以往，這跟鴻海的股利政策有很大的關係。

2019年，鴻海配息4元，除權息參考價為77.3元，當天最高價79.3元，漲幅2.6%，收盤價78.6元，漲幅1.7%，表現還不錯。

圖1 鴻海2014年除權息當天開盤大漲2.1%

股票代號	2317	貳 +		鴻海		行情表 >>	季件：開盤日	
股息殖利年度	2018		現金股利合計(元)		4	總報股利合計(元)	0	

除息日 統計分析表 　　統計次數 10

	3天前	2天前	1天前	當日	1天後	2天後	3天後	當日收/開	當日開/前日收
上漲機率	60.0%	50.0%	60.0%	90.0%	40.0%	30.0%	30.0%	60.0%	90.0%
上漲平均幅度	1.4%	0.8%	1.7%	2.4%	1.5%	1.0%	1.1%	1.3%	1.5%
下跌平均幅度	-0.4%	-1.2%	-1.1%	-0.6%	-0.6%	-0.9%	-1.1%	-0.1%	-0.5%
整體平均幅度	0.74%	-0.09%	0.39%	2.07%	0.44%	-0.14%	-0.42%	0.76%	1.30%

近日-漲跌幅表	近3日	3.20	近2日	-0.27	近1日	-0.54

歷史行情表-漲幅(%)

除息日期	3天前	2天前	1天前	當日	1天後	2天後	3天後	當日收/開	漲通率	當權率	當日開/前日收
20190726	1.6	0.4	0.5	1.7	-0.3	0.0	-0.8	0.8	0.0	4.9	0.9
20180726	0.1	0.2	-0.4	-0.6	1.0	-0.4	1.2	-0.1	0.0	2.3	-0.5
20170713	0.9	2.6	0.0	1.3	0.0	0.0	1.3	0.0	0.0	3.8	1.3
20160902	-0.3	-1.1	-0.7	1.8	1.3	2.0	-0.4	0.8	8.7	4.8	1.0
20150903	4.4	-2.9	0.9	1.5	-1.1	-0.1	-0.1	-0.1	4.6	4.2	1.6
20140828	0.5	-0.5	1.8	3.7	0.0	-0.5	-1.0	1.5	10.5	1.6	2.1
20130909	0.0	0.2	0.9	4.1	0.0	-1.3	-1.6	2.3	8.9	1.8	1.8
20120810	0.0	0.0	4.2	3.7	0.6	0.6	-1.8	1.2	8.9	1.6	2.5
20110729	0.6	-0.2	-1.8	1.4	3.3	-2.1	-3.1	0.0	0.0	1.1	1.4
20100825	-0.4	0.4	-1.5	1.2	-0.2	-0.4	0.8	1.3	10.6	1.5	0.9

資料來源：權證小哥－個股事件行情大解密

　　但在2017年以前，鴻海都會配息又配股，2017年、2018年則只配息，這種狀況會減弱大股東棄息的動機，因為除息前賣股，除息後買回，也要負擔多一次的交易成本，如果配息金額不高，部分大股東通常就會讓政府課稅，所以除權息行情就比較差！2019年雖然表現還不錯，但還得多加觀察。

　　因此，想要用權證跟股票期貨參與除權息行情的投資人，最好事前多多沙盤演練，而小哥提供3大關鍵布局絕招：

圖2 為升2019年除權息日表現較2010年差

資料來源：權證小哥－個股事件行情大解密

絕招1》配股票股利的個股，比較容易有行情

在過去，若能配發大量的股票股利，通常除權當天的漲幅都不錯，但是近幾年，配發股票股利的公司愈來愈少。

絕招2》參考歷年行情

投資人應參考個股往年的除權息狀況，找到勝率高的標的，通常這些公司的大股東，都有除權息前賣股的慣性！

絕招3》若市場普遍看好，漲勢可能提前

每年都漲的個股，不代表今年一定還會漲，只能說漲的

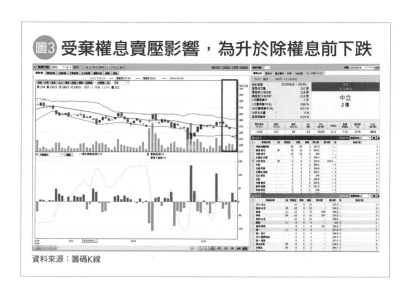

圖❸ 受棄權息賣壓影響，為升於除權息前下跌

資料來源：籌碼K線

機率比較高，假如大家看到都去買，漲勢可能會提前發生，因此，只要個股往年的勝率很高時，小哥都會提早2天買進權證，因為許多投資人會在除權息前一天才買進，反倒形成除權息前走勢比較強的格局！

以2019年有除權的標的為升（2231）為例：公司在2010年時，配股2.23元，算是配得相當不錯，當天（2010.07.23）開盤股價就開高6.4%，收盤上漲了6.9%，算是表現相當亮麗。而2019年為升的配股只剩0.49元，除權當天（2019.06.17）開盤只漲了0.5%

（詳見圖2），收盤漲了1.1%，表現還算可以。

再回頭來看關鍵分點中的「兆豐－鹿港」，在除權前3天有棄權息的賣壓（詳見圖3），而在除權息後2天有稍微回補，造成了除權息前股價下跌，除權息後上漲的狀況。這種類似的情形在除權息旺季時會常常發生，投資人得多把握好類似的機會，好好賺每年的除權息行情。

Note

5-3
揭開牛證大賣
標的股卻漲不動的真相

前陣子小哥在臉書粉絲團上，每天貼出主力收購權證監控表，為什麼要每天貼呢？因為這張表對短線交易者非常有幫助，但經常有投資人私訊問小哥説：「為什麼常常看見主力買了上億元的權證，查看分點後，卻不見有大戶的蹤影？」或是「為什麼明明自營商有大量的避險買盤，可是標的股卻沒有大漲，而隔天也看不到賣壓？」……懷疑小哥的表是不是有誤。

當權證買賣盤在同一分點，無法察覺主力蹤跡

我們先來看一下2019年6月的主力收購權證監控表。在2019年6月13日當天，主力買超南亞（1303）權證的金額居然高達1億2,337萬元（詳見圖1），而自營商

圖1 南亞2019年6月13日權證買超破億

資料來源：權證小哥－（認購）主力收購權證評估表

也順勢為避險買了現股3,201張。

這個張數算是相當多了，理論上，南亞應該大漲特漲才對，可是，南亞只有小漲了0.1%。為什麼南亞沒有大漲，且從圖1中的「收購權證的券商」裡，居然看不到大戶，第1名的買超居然只有10萬元？

最主要的原因，就是買超權證的投資人剛好跟賣超權證的投資人，在同一個分點進出，因此在表上就看不到他們的蹤跡，我們必須去「籌碼K線」與「挑選權證小幫手」

等軟體查詢才能知道。

我們用「挑選權證小幫手」軟體查看,當天(2019.06.13)成交量最大的標的是南亞元富8C牛01(03605C),價格還相當高,要38.6元,也就是一張要3萬8,600元。因為牛證是深度價內的權證,而這檔牛證的行使比例為1,也就是履約時,持有1張南亞元富8C牛01的投資人,可以用履約價買進一張現股,也由於這檔牛證是深度價內,因此Delta值也等於1。

而當天的狀況是這樣,在元富總公司開戶的某位投資人,買了3,201張的元富牛證(南亞元富8C牛01),元富賣了3,201張給這位投資人。先讓小哥幫忙複習一下,牛證的槓桿較一般權證來得低,大約是2倍,它讓投資人用一半或更少的資金,就能投資高價的股票,同時能參與股票的漲跌,以賺取價差,而且所負擔的交易成本也比較少。

因為相關年利率上面,發行商的利率都相當低,甚至比融資的利率還要便宜,所以牛證比較不怕時間價值的流逝,也較多人用牛證而非用一般權證來玩這招。

　　由於Delta值也是1，因此元富自營商就得買現股避險，賣3,000多張牛證，避險就買了3,000多張股票，而買這些股票還不用去追價，因為買超牛證的大股東，會在盤中賣出股票，而買賣力道相減之下，股票就不會有波動。

　　這個影響有多大呢？股利所得稅一向是政府重要的財政來源，前幾年有些大股東會用股票期貨來節稅，不過國稅局很不爽，於是明令禁止，連宣傳節稅都不行，因此，近幾年這些大股東都把節稅的腦筋動到牛證上。

　　其實，如果節稅的牛證量不大，大家睜一隻眼、閉一隻眼，就當省點錢，不過2016年開始實在是太誇張，我們可以從「籌碼K線」的自營商避險來看（詳見圖2）。最近因為牛證大賣，所以自營商避險的張數相當多，可是股價卻沒有大漲。

　　賣現股買進牛熊證可以節省多少稅金呢？小哥統計給各位看。光是這檔牛證，元富對外就賣了3萬601張，我們假設3萬601張牛證都是為了節稅而來，也就是相當於有3萬601張股票可以利用這種管道節稅。而南亞2019年每股配息5元，等於每張股票可以配到5,000元，除息後

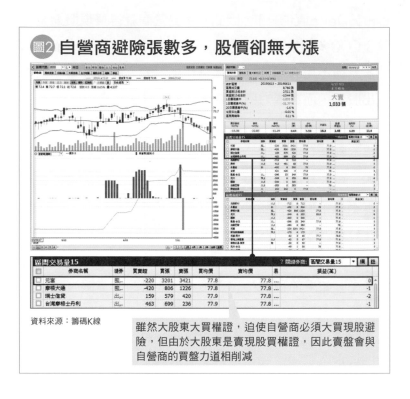

資料來源：籌碼K線

雖然大股東大買權證，迫使自營商必須大買現股避險，但由於大股東是賣現股買權證，因此賣盤會與自營商的買盤力道相削減

股價會往下掉，投資人的錢只是從左口袋換到右口袋，如果沒有填權息，股利所得稅就等於多繳了。

　計算3萬601張的股利所得為1億5,300萬5,000元（3萬601張×5,000元），假設大股東原本應該繳28%的股利所得稅，也就是大股東原本應該繳約4,284萬元（1億

5,300萬5,000元×28％），而當股票流落到自營商的手上時，避險帳戶就不用繳股利所得稅了。

等到牛證到期的那一天，這位南亞的大股東，就可以直接用現貨履約，或者在履約前賣回給發行商，並且拿回資金，再把之前賣掉的現股買回來，這樣就可以避開除權息日，而發行商也可以每年玩一趟，賺夠時間價值。

投資人要注意的是，以往沒有這種節稅的操作下，現股很容易會在除權息當日，因為大股東的回補而大漲，不過，若觀察到有某檔牛證大賣，由於牛證不怕時間價值流逝，現股在除權息日恐怕就會少掉這種回補力道，個股除權息當天的漲勢就會不如從前。

因此，南亞的除權息行情，小哥就沒參與，而今年南亞的除息行情，果然表現就很差了！

第6篇

市場沒有耶誕老人，只有豺狼虎豹
散戶必修4堂課

散戶在股海賺錢不容易，一定得謹記停損要比停利動作快，靠自己尋找投資機會，不要套牢了就當長期投資；最重要的是，要計算自己贏錢的機率有多少，把錢放在期望值高的工具就對了。

6-1
第1課》
錢要往期望值高的地方

生活上很多事情都與機率有關,機率學得好,對你的財富影響很大。比如說,很多人不斷去簽六合彩、買樂透,如果只當消遣就罷,但如果想賺錢,就得在中一次獎之後,從此都不再玩,你才有機會賺錢!因為這些工具的期望值不利於你,比賭場更難賺錢,所以混得愈久就輸得愈多。

很多人甚至喜歡研究六合彩跟樂透號碼,這期出5號,那下期出10號的機會有多少?其實學過機率的人都知道,這兩者一點關聯性都沒有,很不科學,但是這些人卻花費大量時間在「研究」號碼;說真的,如果你願意花同樣的工夫在股票或權證的研究上,我認為你一定可以賺很大。

多年前小哥在報上看到有趣新聞一則,寶來曼氏期貨(現為元大期貨)為了徵選操盤手,推出「博弈神

人」活動，先考21點、德州撲克，過了這兩關，才算取得應徵門檻。

21點的期望值比拉霸高，多數人卻愛玩拉霸

我每年都會和朋友上麗星郵輪小賭，也喜歡賭21點，因為我發現唯一有機會讓你賺到錢的就是21點，它的期望值在賭場的各種賭局中，幾乎算是最高的。投入1元一般可以得到0.8～0.9元的回報，如果再靠一些紀律或是運氣，可以讓你的期望值接近1，所以值得你花時間。最差的是拉霸，期望值大概只有0.5，讓你賺錢的機率最低。

但有趣的是，一般小額賭客最愛玩的是拉霸，卻不敢輕易嘗試21點，即便去玩了，也是全無研究，只憑直覺就上場，當然難逃被痛宰的惡運。

研究賭場遊戲及股市，比研究彩券來得科學多了，而在股市想贏錢的機率又比賭場大得多，因為賭場的賭局都經過精密計算，讓賭客很難贏，賭場老闆的經營之道，就是設計一種賭局，讓賭客表面上看起來有機會贏錢，其實長

期玩下去卻會賠很大。

　　股市就不同了，股票的漲跌機率並不是對等，你打開一檔股票的K線圖出來，就可以判斷它走多的機率和走空的機率絕對是不一樣的。只要你能找到1檔明天上漲機率6成的股票就可以，用權證來獲利的機會就相當大。

股市期望值比賭局高，但要看懂趨勢

　　以下這個小測驗，你會怎麼選呢？

> ☐ 1.A、B股上漲的機會高，我進股市是想賺錢，所以我會買這個。
>
> ☐ 2.C、D股漲的機會低，我藝高人膽大，賺這種錢才是真功夫，所以我買這個。

　　我相信大多數的讀者應該會選第1，而不會選第2，但在股市裡，很多人卻做相反的事，例如在下跌的過程中，老是期待反彈，但問題是趨勢就是下跌！一檔股票如果之前的走勢3天大跌、2天小漲，就是告訴你這檔股票走空

頭，你一直想去搶反彈，就是在做機率小的事情，這樣賠錢的機會就大。

　　時常遇到朋友會問我：「小哥你看這檔權證如何？」我說：「我看不準，我只有5成準。」你以為5成準很厲害？大錯特錯，5成準最糟糕，因為輸贏剛好一半一半；我有3成準還好，你可以跟我做反向，我說看到這檔明天會上漲，你就去做空，因為下跌的機率是7成。

6-2
第2課》
停損要比停利快

||||||||||||||||||||||||||||||||||||||||||||||||||||||||||||||||||||||||||||||||||||||||||||||||||||||||||||||||||||||||||||||||||||||||||||||

小　哥計算過，若買股票的停損跟停利點都設在1%的話，那麼選股準確的機率必須高達68%，才能損益兩平，因為交易成本占了0.58%。

　　若股票的停損跟停利點都設在2%，選股準確的機率要達到59%；若股票的停損跟停利點都設在3%，選股準確的機率要達到56%；若股票的停損跟停利點都設在4%，選股準確的機率要達到55%；若股票的停損跟停利點都設在10%，選股準確的機率要達到52%。由此看出，停損與停利點設得百分比愈高，損益兩平的選股門檻反而愈低，換言之，也就更容易賺到錢。

　　但是，大部分的散戶卻不是這樣做，反而選擇更糟的做

法，就是把賺錢的股票做很短，把賠錢的股票做很長。因為投資人最怕：持股本來有賺，後來變賠的，所以一有小獲利，深怕變成虧損，就很快獲利了結，故投資人的停利點大多比停損點來得小。

想要停利比停損快，選股準確度必須更高

舉例來說，若停利點設1%、停損點設2%，這種操作模式要損益兩平的話，選股準確機率要達到79%；若停利點設1%、停損點設3%，這種操作模式要損益兩平的話，選股準確機率要達到83%。

相反的，若改變心態，停利點設2%、停損點設1%，選股準確機率只要45%；但難就難在這，因為當停利點比停損點高的時候，通常停損的機會也大得多，選股準確機率要達成、甚至超越45%也不是件容易事。所以讀者們不要覺得投資賺錢比上班輕鬆，應該要兢兢業業做功課，才可能得到豐碩的回報。

6-3
第3課》
大部分股票不能長抱

我經常勸導身邊朋友,股票不能做得太短線,因為交易成本太高。但常看盤的投資人,沒下個單,彷彿對不起營業員、券商、國家似的,也認為唯有透過積極操作,才能有龐大獲利,可是積極操作之下,就是停損跟停利點變小,選股準確的機率得大增,獲利難度也大增。

但是,長期投資也得多小心,台灣股票市場有很多長期投資之後,卻快變成壁紙的股票。一家公司會有它的生命週期,美國前500大企業的生命週期平均才42年,更何況台灣的小型企業很多是經營沒有多久就掛掉。

我記得鍊德(2349)有1年除權前漲到337元,我買在220元,漲到280元時賣掉,那時常常買光碟片來

燒，覺得這產業不錯，但現在鍊德多少錢？產業跟不上時代，股價也跟不上投資人的期待，現在只剩不到10元（2019.09.02收盤價）！

　　紅極一時的太陽能產業也是，曾經的太陽能股王益通（3452）在2019年4月發布重大訊息指出，由於太陽能市場持續受貿易壁壘影響價格大幅下滑，在長期虧損之下，將停止太陽能電池業務在本田廠之生產，並處分相關資產，投資人在高檔買進的欲哭無淚。還有雅新（已下市），什麼產品都會做，膨風到外太空去，我同學這檔賠很慘；最扯的是砷化鎵，博達（已下市）騙了一堆人。

短線操作要用權證當工具，交易成本低

　　這裡給個結論就是，想短線操作的，找檔好的權證來操作；若想抱長一點，就去找一家好的、有遠景的公司，然後低基期買進、長波段操作。因為好的權證交易成本遠低於股票，槓桿倍數之下，損益兩平的門檻比較低，獲利機會就比較大。

　　我要強調，股票是要低基期買進、長波段操作，因為一

家再好的公司，其發展終究有極限，市場評價高的時候，股價也高，高檔買進之後，萬一碰到公司不再成長、甚至衰退，很容易造成高檔套牢的慘劇。

很多人喜歡買權值股，也不管股價如何，有錢就隨便買，以為可以隨便賺；但再好的股票，包含權值股也應該在低基期時買進才安全。

在此舉台股的一些大型權值股案例，小哥統計，若從2008年11月21日3,955點進場，持股至2019年8月30日投資報酬率（含配息、配股及減資）會是多少？為何要挑2008年11月21日那天呢？因為那天就是金融海嘯以來，大盤最低數字3,955點出現的日子，小哥特別挑出幾檔表現最好的股票還有幾檔最慘的股票，喔！對了，還不管那些已經下市的公司呢！

你會發現，市場永遠都是對的，股王真的不一定都賺錢，投資人不要跟市場對做，跟著趨勢走就對了。

近11年來最慘股票前10名

第1名 益通（3452） 投資報酬率：-98%

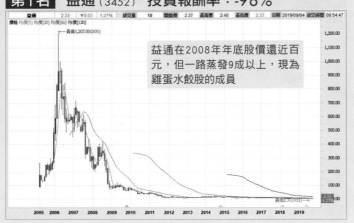

益通在2008年年底股價還近百元，但一路蒸發9成以上，現為雞蛋水餃股的成員

第2名 沛亨（6291） 投資報酬率：-97%

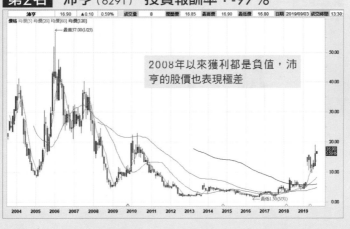

2008年以來獲利都是負值，沛亨的股價也表現極差

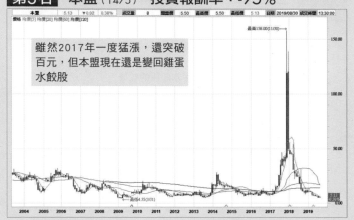

第3名 本盟（1475） 投資報酬率：-95%

雖然2017年一度猛漲，還突破百元，但本盟現在還是變回雞蛋水餃股

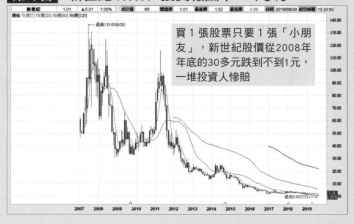

第4名 新世紀（3383） 投資報酬率：-95%

買1張股票只要1張「小朋友」，新世紀股價從2008年年底的30多元跌到不到1元，一堆投資人慘賠

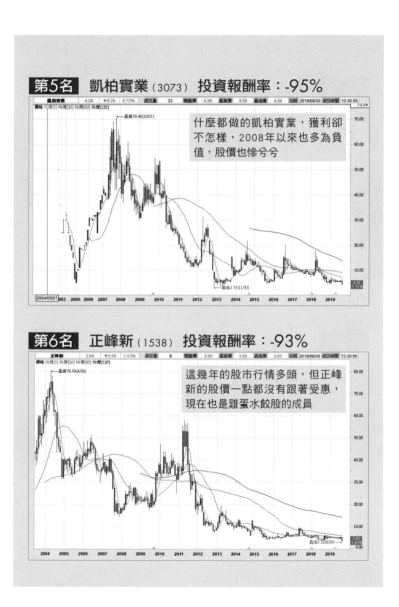

第5名 凱柏實業（3073） 投資報酬率：-95%

什麼都做的凱柏實業，獲利卻不怎樣，2008年以來也多為負值，股價也慘兮兮

第6名 正峰新（1538） 投資報酬率：-93%

這幾年的股市行情多頭，但正峰新的股價一點都沒有跟著受惠，現在也是雞蛋水餃股的成員

第7名　元隆（6287）　投資報酬率：-93%

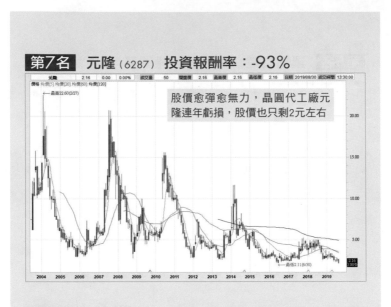

股價愈彈愈無力，晶圓代工廠元隆連年虧損，股價也只剩2元左右

第8名　頂晶科（3562）　投資報酬率：-91%

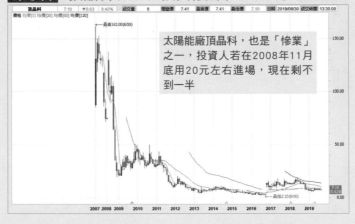

太陽能廠頂晶科，也是「慘業」之一，投資人若在2008年11月底用20元左右進場，現在剩不到一半

第9名 東訊（2321） 投資報酬率：-90%

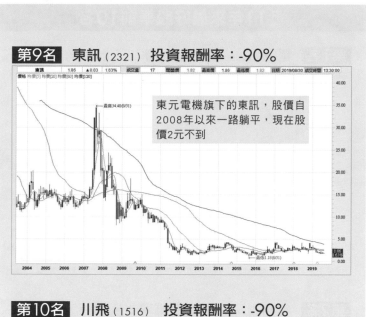

東元電機旗下的東訊，股價自2008年以來一路躺平，現在股價2元不到

第10名 川飛（1516） 投資報酬率：-90%

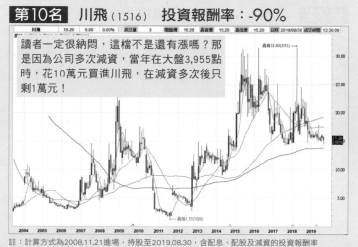

讀者一定很納悶，這檔不是還有漲嗎？那是因為公司多次減資，當年在大盤3,955點時，花10萬元買進川飛，在減資多次後只剩1萬元！

註：計算方式為2008.11.21進場，持股至2019.08.30，含配息、配股及減資的投資報酬率
資料來源：凱基極速操盤手

近11年來最好股票前10名

第1名　儒鴻（1476）　投資報酬率：7,689%

紡織廠儒鴻從2010年起漲，如果運氣好買到，現在資產可以翻將近77倍

第2名　智邦（2345）　投資報酬率：5,875%

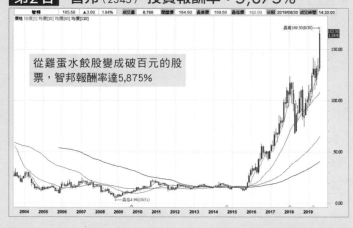

從雞蛋水餃股變成破百元的股票，智邦報酬率達5,875%

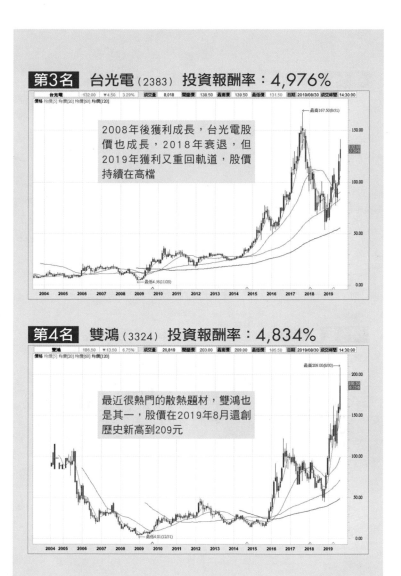

第3名 台光電（2383） 投資報酬率：4,976%

2008年後獲利成長，台光電股價也成長，2018年衰退，但2019年獲利又重回軌道，股價持續在高檔

第4名 雙鴻（3324） 投資報酬率：4,834%

最近很熱門的散熱題材，雙鴻也是其一，股價在2019年8月還創歷史新高到209元

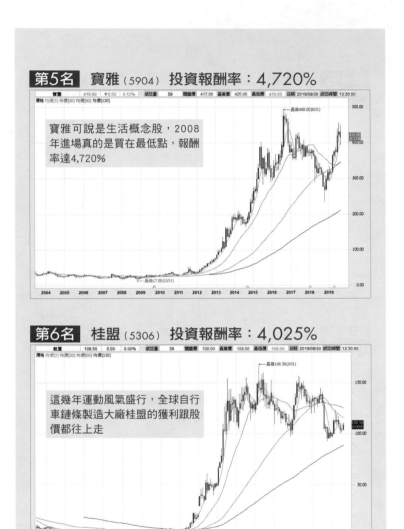

第5名　寶雅（5904）投資報酬率：4,720%

寶雅可說是生活概念股，2008年進場真的是買在最低點，報酬率達4,720%

第6名　桂盟（5306）投資報酬率：4,025%

這幾年運動風氣盛行，全球自行車鏈條製造大廠桂盟的獲利跟股價都往上走

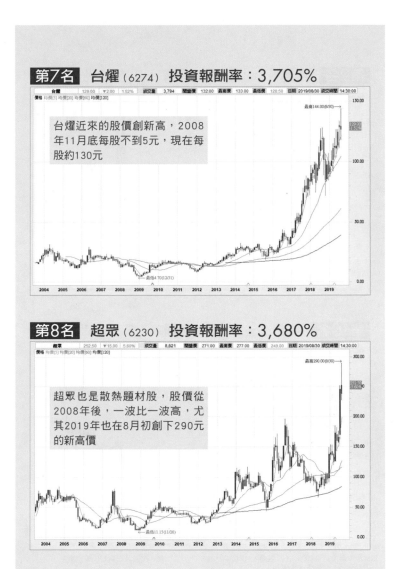

第7名 台燿（6274） 投資報酬率：**3,705%**

台燿近來的股價創新高，2008年11月底每股不到5元，現在每股約130元

第8名 超眾（6230） 投資報酬率：**3,680%**

超眾也是散熱題材股，股價從2008年後，一波比一波高，尤其2019年也在8月初創下290元的新高價

第9名 勝麗（6238） 投資報酬率：3,614%

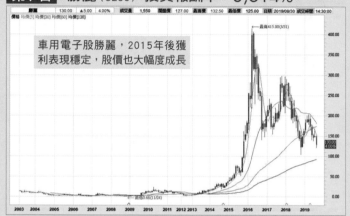

車用電子股勝麗，2015年後獲利表現穩定，股價也大幅度成長

第10名 信邦（3023） 投資報酬率：3,356%

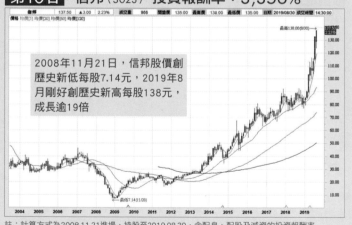

2008年11月21日，信邦股價創歷史新低每股7.14元，2019年8月剛好創歷史新高每股138元，成長逾19倍

註：計算方式為2008.11.21進場，持股至2019.08.30，含配息、配股及減資的投資報酬率
資料來源：凱基極速操盤手

其他熱門股近11年來表現

1 國巨（2327） 投資報酬率：3,093% 台股排名：12／1147

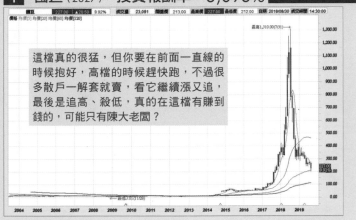

這檔真的很猛，但你要在前面一直線的時候抱好，高檔的時候趕快跑，不過很多散戶一解套就賣，看它繼續漲又追，最後是追高、殺低，真的在這檔有賺到錢的，可能只有陳大老闆？

2 大立光（3008） 投資報酬率：2,227% 台股排名：20／1147

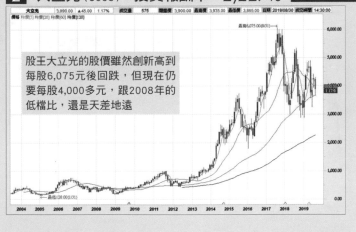

股王大立光的股價雖然創新高到每股6,075元後回跌，但現在仍要每股4,000多元，跟2008年的低檔比，還是天差地遠

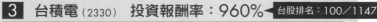

3 台積電（2330）　**投資報酬率：960%**　◄ 台股排名：100／1147

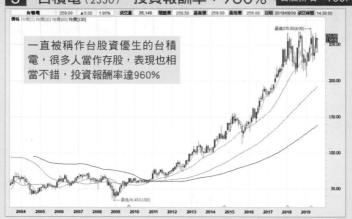

一直被稱作台股資優生的台積電，很多人當作存股，表現也相當不錯，投資報酬率達960%

4 友達（2409）　**投資報酬率：-37%**　台股排名：1037／1147

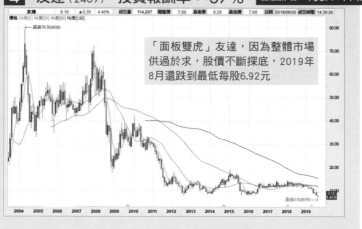

「面板雙虎」友達，因為整體市場供過於求，股價不斷探底，2019年8月還跌到最低每股6.92元

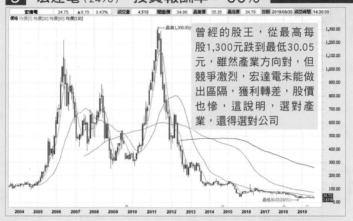

5 **宏達電**（2498） **投資報酬率：-80%** ◀ 台股排名：1131／1147

曾經的股王，從最高每股1,300元跌到最低30.05元，雖然產業方向對，但競爭激烈，宏達電未能做出區隔，獲利轉差，股價也慘，這說明，選對產業，還得選對公司

6 **中視**（9928） **投資報酬率：-82%** ◀ 台股排名：1134／1147

因為「護城河」不見，老三台（台視、中視、華視）的獲利都轉差，當初看中視、買中視，現在少人看電視，中視獲利、股價都慘兮兮

註：計算方式為2008.11.21進場，持股至2019.08.30，含配息、配股及減資的投資報酬率
資料來源：凱基極速操盤手

6-4
第4課》
投資機會要靠自己找

在《一個投機者的告白》這本書裡有段話我很喜歡，大意是說：投資者必須自己去思考，依照自己推斷出來的因果行事，不要依賴報紙、營業員或是你聰明的朋友，來代替你思考與證券市場有關的事。

投資人最常得到股票明牌的來源，首推電視上的投顧老師，不過我看有很多投顧老師自己是沒在買股票的，他們的工作是演藝事業，講得頭頭是道，但對未來的預期很少準過。

投顧老師生存的方法就是招收會員，所以總會讓投資人以為他有多神，今天介紹6檔，明天漲3檔、跌3檔，就說：「你看看，這3檔漲得多漂亮，老師叫你買你不要，

老師說的話你有沒有在聽？」那跌的那3檔呢？反正別提就好。當然，小哥相信市場上也是有好的老師能帶你上天堂，給很多好的建議。

投顧會費分成好多種類，有鑽石會員、黃金會員、白銀會員、普通會員，還有看電視的出貨會員，會費愈少的，得到消息愈慢；會費愈高的，可以跟在老師後面買。反正老師都最早買，股票就由會員們一直炒高上去，當電視上播的時候，就是老師要出貨了。當然，高點也是老師先出，所以，普通會員的績效都很差，因為買在相對高點、賣在相對低點。

聽親朋好友買明牌，變成最後一隻老鼠

散戶第2個主要的消息管道來源，就是親朋好友或媒體。但是這種來自不知名地方的明牌，比投顧老師的明牌更恐怖，因為一般散戶得到消息都是落後的，台股的內線交易是聞名全球的，股票明牌的消息傳播順序通常是：大老闆自己→枕邊女人→貴婦團→產業圈內消息靈通人士→專業投資人、法人→媒體記者→個體戶投資人（看報紙），而散戶是最後一隻老鼠。

其實量價本身就會說話，假如有一天你看到大家不計價地買一檔股票，通常過幾天它就有好消息出來；若大家都不計價地賣，過幾天就會有壞消息出來。所以，投資人真的得好好做功課，多了解產業、多讀書。畢竟，市場上是沒有耶誕老人，只有豺狼虎豹。

附錄

投資人問答實錄

Q 小哥你用鋼筋價格交易來比喻權證,那請問該如何解釋「隱含波動率」?

A: 鋼筋買賣時,如果行情波動度很小,它的歷史波動率就很低,如果是石油,從50元漲到150元又回跌到80元,那它的波動率就很高。若今天券商要賣這兩種商品的權證給你,在同樣的履約條件下,石油就會賣得比較貴,因為它的波動幅度大,容易暴漲暴跌,就要收比較高的權利金,隱含波動率就高,但在這個例子裡,鋼筋比起石油,比較不會漲,那它就會賣得比較便宜,隱含波動率就低。

Q 槓桿倍數如何算出來?

A: 坦白說這是一個很長的公式,很難算,大家也不用

特別記，只要記得何時槓桿會高（只要是價平、快到期，槓桿就會升高）、何時槓桿低（到期日愈長、隱波率愈大，槓桿就愈低）。我喜歡槓桿高的，這樣反應才快，但是槓桿愈高，代表時間價值掉愈快。

Q 小哥說勝率高的方法重複做、大量做，什麼策略是勝率比較高的方法？

A： 1.愈低的隱波率，勝率會愈高，只要股票一漲就容易賺錢；2.你買強勢的股票，也容易賺錢；3.積極做停損，勝率也會高，如果你不停損，資金就會卡住，無法發揮資金的效益。

Q 我想做空1檔遊戲股，但以它為標的的股票發行的認售權證只有1檔，隱波率86%非常高，我可以進場嗎？

A： 通常認購權證賣的隱波率比較低，認售權證賣的隱波率比較高，而這檔遊戲股權證的隱波率太高，會導致它的槓桿太小，而且委買賣價差快要到3%，槓桿又只有1.76倍，可能標的股票要跌個2%，權證才會有反應，所

以在你這個例子裡，若遇到隱波率太高的時候，乾脆直接融券放空個股。因為現在券商發行認購、認售權證的檔數大概是8：2，當認售權證的條件不好時，買認售權證可能無法達到你想要槓桿的效果。

❓ 權證要用定價買還是市價買？

A： 我喜歡買時用外盤買，賣時用內盤賣，除非價差很大的，才會去掛外盤下一檔賣，內盤上一檔買。

❓ 如果手中有持股，隔天大漲或大跌你會怎麼處理？

A： 如果今天大盤大漲3%，但我的股票漲4%～5%，我會先不賣，因為它比大盤強；如果大盤漲3%，手上股票漲1%、2%，我會賣，因為股票比大盤弱。強的我會再抱一下。如果原本漲4%回檔只剩漲3%，那我會先賣。原則就是上漲的、比較強的加碼，跌的、比較弱的減碼。

如果台股受到國際股市影響，早盤開低，我持股會先不

賣，發現到9點半、10點還在破底，這時候你就得把它賣掉，因為過了1小時還拉不上來。如果之後往上拉時，我會去選強勢股來買。盤中看漲幅表好像在看賽馬一樣，看哪隻跑第1名，當發現它衝到終點、亮紅燈，就很高興。

Q 個股在橫盤時就不適合玩權證，是嗎？

A：不太一樣。如果是歷史波動率很低的股票，你想趁盤整玩權證的話，可以掛定價在那裡等，上面掛一點、底下掛一點，股票一跳，你的權證就可以成交，光靠這個價差，也可以賺錢。但如果你是量很大的投資人，券商不喜歡你進來玩這種，因為它會很難避險，如果被券商發現了，價差就可能被拉大。

Q 沒時間盯盤的人不能玩權證？

A：你可利用一些特殊狀況或特殊事件來獲利，像找到「地板股」，掛低價等成交；或每年除權息時，找高勝率標的操作。就不需密切盯盤，也能利用權證參與市場。

Q 股票上漲時要帶量才好，那權證的成交量重不重要？

A：不重要。重要的是委買、賣出報價要很接近，且又以價差比最重要。不過你要注意不要買到完售的權證，那券商就不會積極造市，也不要買到單日釋出量很大的權證，隔天比較黑心的券商就會動手腳。

Q 我們賺錢時，券商就是賠錢嗎？

A：不一定。券商通常會跟我們同方向，你買1檔權證，券商大部分會在市場上買進股票避險，也會去買其他券商發的權證。有時很好玩，我買元大權證，它就去買元富權證，元富可能去市場上買股票，所以股票一漲，我、元大、元富都賺錢。那麼誰會賠錢？最後一隻老鼠囉！就像買股票一樣，搶到最後一棒的人，賣不掉了，就賠錢。

Q 履約價何時會改？

A：1.除權的時候：因為股票價格會下降，履約價會

改；2.重設型的權證：在發行的前2天會出現履約價調整的情況。但平常時候履約價是不會改來改去的。所以履約價調整不太需要擔心。

Ⓠ 小哥通常都是幾趴時會停損和停利呢？

A： 我大部分沒有看幾趴，都看趨勢而定。標的股票漲不動了我就停利；買來沒賺，我通常就會停損，很少等，因為把錢抽出來用到其他有機會賺錢的權證，比較實際。能讓你贏錢的權證通常不用抱太久，放個7、8天都算是很久的，其他我抱很久的權證都是賠錢的。

Ⓠ 小哥經常要求台灣證交所要管好券商，那麼證交所應該還要做什麼呢？

A： 像委買、賣掛單造市時，價差比最好不要用檔數限制，因為對低價權證而言，10檔還是很多，最好改成趴數，例如委買、賣不得超過5%之類的。

此外，現在證交所雖然有辦理券商造市的評鑑，但幾乎

都是看收盤時的隱波率，然而，有些券商是盤中調降、收盤拉回，建議證交所可以看得更仔細，讓好的券商受肯定、爛的券商可以現形。

Note

國家圖書館出版品預行編目資料

權證小哥教你十萬元變千萬 / 權證小哥著. -- 二版.
-- 臺北市：Smart智富文化, 城邦文化, 2019.09
　面；　公分
ISBN 978-986-98244-0-8(平裝)

1.認購權證 2.投資分析

563.5　　　　　　　　　　　　　108014826

Smart 智富
權證小哥教你十萬元變千萬（全新增修版）

作者	權證小哥
文字整理	陳淑泰、林帝佑
商周集團	
執行長	郭奕伶
總經理	朱紀中
Smart 智富	
社長	林正峰（兼總編輯）
總監	楊巧鈴
編輯	邱慧真、施茵曼、林禹盈、陳婕妤、陳婉庭、蔣明倫、劉鈺雯
資深主任設計	張麗珍
封面設計	廖洲文
版面構成	林美玲、廖彥嘉
出版	Smart 智富
地址	104 台北市中山區民生東路二段 141 號 4 樓
網站	smart.businessweekly.com.tw
客戶服務專線	（02）2510-8888
客戶服務傳真	（02）2503-5868
發行	英屬蓋曼群島商家庭傳媒股份有限公司城邦分公司
製版印刷	科樂印刷事業股份有限公司
初版一刷	2011 年 10 月
二版十刷	2023 年 12 月
ISBN	978-986-98244-0-8

為了提供您更優質的服務，《Smart 智富》會不定期提供您最新的出版訊息、優惠通知及活動消息。請您提起筆來，馬上填寫本回函！填寫完畢後，免貼郵票，請直接寄回本公司或傳真回覆。Smart 傳真專線：（02）2500-1956

1. 您若同意 Smart 智富透過電子郵件，提供最新的活動訊息與出版品介紹，請留下
   電子郵件信箱：

2. 您購買本書的地點為： ☐ 超商，例：7-11、全家
   ☐ 連鎖書店，例：金石堂、誠品
   ☐ 網路書店，例：博客來、金石堂網路書店
   ☐ 量販店，例：家樂福、大潤發、愛買
   ☐ 一般書店

3. 您最常閱讀 Smart 智富哪一種出版品？
   ☐ Smart 智富月刊（每月 1 日出刊） ☐ Smart 叢書 ☐ Smart DVD

4. 您有參加過 Smart 智富的實體活動課程嗎？ ☐ 有參加 ☐ 沒興趣 ☐ 考慮中
   或對課程活動有任何建議或需要改進事宜：

5. 您希望加強對何種投資理財工具做更深入的了解？
   ☐ 現股交易 ☐ 當沖 ☐ 期貨 ☐ 權證 ☐ 選擇權 ☐ 房地產
   ☐ 海外基金 ☐ 國內基金 ☐ 其他：

6. 對本書內容、編排或其他產品、活動，有需要改善的事項，歡迎告訴我們，如希望 Smart
   提供其他新的服務，也請讓我們知道：

您的基本資料：（請詳細填寫下列基本資料，本刊對個人資料均予保密，謝謝）

姓名：	性別：☐ 男 ☐ 女
出生年份：	聯絡電話：
通訊地址：	

從事產業：☐ 軍人 ☐ 公教 ☐ 農業 ☐ 傳產業 ☐ 科技業 ☐ 服務業 ☐ 自營商 ☐ 家管

您也可以掃描右方 QR Code、回傳電子表單，提供您寶貴的意見。

想知道 Smart 智富各項課程最新消息，快加入 Smart 自學網 Line@。

104 台北市民生東路 2 段 141 號 4 樓

Smart 智富

行銷部 收

●請沿著虛線對摺，謝謝。

Smart 智富

書號：WBSI0087A1

書名：**權證小哥教你十萬元變千萬（全新增修版）**